信息系统的开发与质量管理

常金玲　著

黄 河 水 利 出 版 社

内容提要

本书介绍了在全球化及复杂多变的竞争环境下进行信息系统开发和质量管理的新现象、新观念、新方法和新理论。全书共分八章，从信息系统开发的环境、信息系统开发模型及实践、信息系统的质量与全面质量管理、信息系统质量管理模型与方法、信息系统开发的项目管理、信息系统工程建设监理、信息系统的评价等方面进行了阐述。

本书可供管理与信息系统、管理工程、信息系统监理等专业选作相关课程的教材，也可供科研工作者、管理者、信息系统建设人员等阅读、参考。

图书在版编目(CIP)数据

信息系统的开发与质量管理/常金玲著.—郑州:黄河水利出版社,2005.2

ISBN 7-80621-890-4

Ⅰ.信… Ⅱ.常… Ⅲ.①管理信息系统-系统开发 ②管理信息系统-质量管理 Ⅳ.C931.6

中国版本图书馆 CIP 数据核字(2005)第 011204 号

出 版 社:黄河水利出版社

地址:河南省郑州市金水路 11 号 邮政编码:450003

发行单位:黄河水利出版社

发行部电话及传真:0371-6022620

E-mail:yrcp@public.zz.ha.cn

承印单位:黄河水利委员会印刷厂

开本:787mm×1 092mm 1/16

印张:11.25

字数:200 千字 印数:1—2 000

版次:2005 年 2 月第 1 版 印次:2005 年 2 月第 1 次印刷

书号:ISBN 7-80621-890-4/C·5 定价:22.00 元

前 言

在人类进入新世纪的今天，既面临全球性竞争和复杂多变的环境，同时也面临以计算机技术为核心的信息技术所带来的各种机遇和挑战。计算机技术以惊人的速度发展并获得广泛深入的应用，尤其是国际互联网 Internet 已经渗透到人类生活的各个方面。越来越多的组织认识到信息、信息技术、信息系统是管理者可以利用的最重要的资源之一。在一个组织中，信息系统的应用占有日益重要的地位。管理者如何开发、管理和利用信息系统，直接关系到企业的生存和发展。

在这样一个巨大的变化环境之中，组织经营中的新概念和新模式不断地呈现，如全球信息经济、电子市场、虚拟组织、网络组织、电子商务、企业再造、供应链管理、客户关系管理等。信息系统如何发展和调整以适应新的环境和新的经营模式，是组织面临的一个迫切需要解决的问题。本书的目的在于试图整理、介绍和研究在这种大环境下进行信息系统开发和质量管理的新现象、新观念、新方法和新理论。

紧扣学科前沿、贴近工程实践是本书的特色之一。作者在十多年对信息系统的深入理解和自身实践的基础上，对信息系统结构和内涵进行了新的诠释和定义。第一章诠释了组织的三种重要资源：信息、信息技术以及知识工作者，从系统的观点对信息系统进行了再认识，并介绍了基于计算机的信息系统(CBIS)的概念和跨组织的信息系统(IOS)的概念。第二章从信息系统的参与者、企业建设信息系统的动力、推动信息系统发展的技术力量等方面对信息系统开发的新环境进行了研究。第三章结合作者自身信息系统开发的实践介绍了信息系统的开发模型，这是质量管理的基础。第四章从全面质量管理的角度着重介绍了信息系统的质量并分析了其影响因素。第五章对信息系统质量管理的模型与方法进行了研究，特别强调了用户满意度的测量与分析。信息系统项目管理和信息系统建设工程监理是信息系统建设和质量管理中的新生事物。第六章和第七章介绍了作者在信息系统项目管理和信息系统建设工程监理方面所作的研究。第八章的主要内容是信息系统的评价,作者所使用的研究方法既包括实证研究,又包括理论研究。

强调和重视信息系统项目全过程的质量管理,把管理放在一个特别的高度,是学科发展的现实需要,也是本书的特色之一。

本书理论联系实际,实例丰富,易于理解,对实践具有指导意义。希望本书能给读者带来新的启示、知识和技术。

本书的完成和许多人的热情帮助和支持是分不开的。在此,首先衷心感谢我的导师、北京航空航天大学博士生导师夏国平教授和刘鲁教授,他们不仅在学业上给了我帮助、支持、鼓励和指导,而且从他们身上我还学到了许多做人和搞科研的道理。同时,还要特别感谢北京航空航天大学博士生葛健、张塱等同学在相关研究中提供的资料以及思路。另外,特别感谢郑州航空工业管理学院的储宁、付永华等在材料收集、文档编排等方面为本书所作的重要工作。

本书得到河南省科技攻关项目(编号:0324220156)的资助。

为读者带来知识是作者的心愿。但由于作者水平、经验有限,书中难免有疏漏和不当之处,恳请读者批评、指正,同时也诚挚欢迎读者来信对同类问题进行交流、探讨。

作　者

2004 年 11 月

目　录

第一章 引 言

在人类进入21世纪的今天,组织面临全球性竞争和复杂多变的环境,同时也面临以计算机为核心的信息技术所带来的各种机遇和挑战。计算机以惊人的速度发展并获得广泛深入的应用,尤其是国际互联网Internet已经渗透到人类生活的各个方面。越来越多的组织认识到信息、信息技术是管理者可以利用的最重要的资源之一。管理者如何开发、管理和利用信息和信息技术资源,直接关系到企业的生存和发展。

在这一部分,我们将先讨论与信息系统相关的一些基本概念的变化。

1.1 组织的三种重要资源

在信息时代,各行各业都前所未有地重视信息,信息已成为一种重要资源。同样,在信息时代,信息技术的地位和作用也有所不同。信息技术成为企业进行创新必不可少的要素,是人们及时获取信息的工具,也成为企业的一种资源。而要把信息和信息技术转化为企业的竞争力,则离不开人的作用。人力资源,是企业必不可缺的。

信息、信息技术、人构成了组织的三种重要的资源,而且这三者之间存在着密切的关系,如图1-1所示。

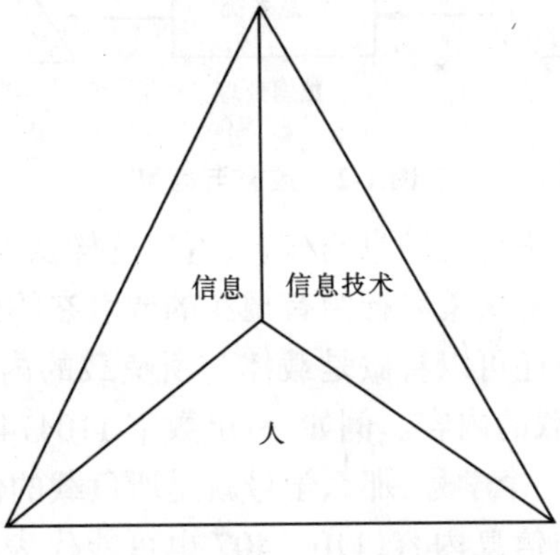

图1-1 组织的三种重要资源

1.1.1 信息

信息是企业的重要资源之一,也是企业在现代商业环境中进行运作的基础。

有人说,我们现在的社会是个信息化的社会。信息这个概念出现在我们生活中的各个方面。但从不同的角度,对信息有不同的认识。有人说信息是消息,是"通知和消息"。有人说"信息是所观察事物的知识"。还有人认为"信息就是知识"。《信息论》学科的奠基人香农(Shanon)认为:信息是不确定性的减少。根据 1973 年的不完全统计,关于信息的定义有 39 种之多。这些说法是从不同的侧面提出的,都有一定的道理。

但是,什么是信息呢?我们触摸不到信息,也就是说信息是无形的,它的价值很难测量。但是,如今的组织正在依靠信息生存,因此信息肯定又是十分重要的。

为了理解信息的性质以及它的精确含义,必须首先理解与信息密切相关的另一个术语——数据。

在信息系统中,信息和数据的概念是不同的。数据是一组表示数量、行动和目标的可鉴别的非随机符号,它可以是字母、数字或其他符号,也可以是图形、图像、声音等。对信息系统来说,数据是信息系统的原材料,信息系统把数据加工成适合用户使用的形式——信息。数据与信息的关系可以看做是生产系统中原料与成品的关系,如图 1-2 所示。

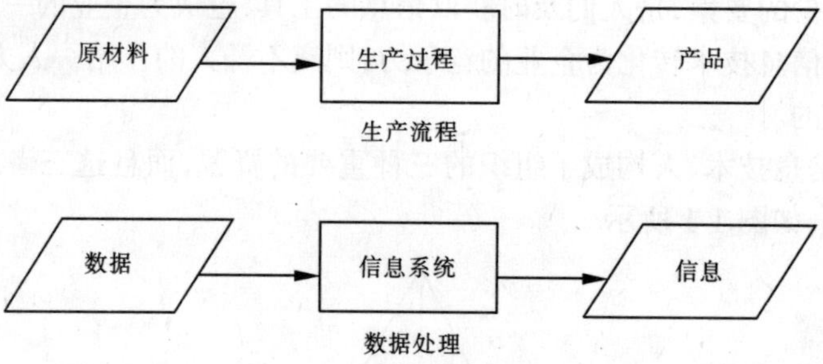

图 1-2 数据与信息

从信息系统的角度去讨论信息的概念,可以这样认为:**信息是经过加工后的数据,它对接收者有用,对决策和行为有现实的或潜在的价值。**

数据与信息的关系还可以看做是载体与所负载的内容之间的关系,数据是载体,信息是数据所负载的内容。例如,一组数字 11047407 本身是数据,在某高校,这一组数字代表了一个学号,那么学号就是所负载的信息内容;同样的,一组数字也可能负载不同的信息内容,11047407 也可能代表的是一个电话号码,或者是一个密码。

信息是那些经过某种方式加工或以更具意义的形式提供的数据。某个数据,对一个人来说是信息,而对另一个人来说就未必一定是信息。例如,发货单是发货工作人员的信息,他要根据发货单给用户发货,但是对于负责库存事务的经理,它仅仅是一种原始数据。这正像某个加工部门的成品,对另一个部门很可能只是一种原材料一样。

信息是企业最富价值的资源之一。如何认识信息的价值是一个重要的问题。信息的价值可以由信息的三个维度——时间维度、内容维度和形式维度来确定。信息的三个维度见图1-3。

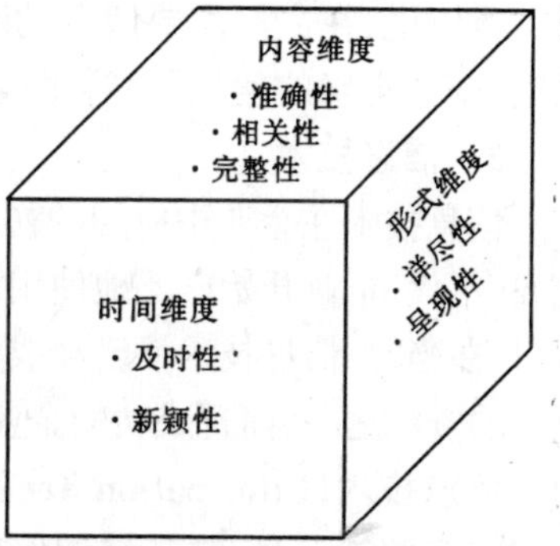

图1-3 信息的三个维度

1.1.1.1 信息的时间维度

信息的时间特征包括两个方面:①及时性,指在人们需要时及时获得信息;②新颖性,是指最新的信息。

及时性的含义是当人们需要时拥有信息。若不能在需要时获得正确的信息,那么就不可能作出正确的决策。新颖性则意味着拥有最新和最近的信息。在当今快节奏变化发展的环境当中,昨日的信息往往已经是过时了的。如果今天收到的信息是接收者昨天需要的,那么对接收者来说也是没有价值的。

1.1.1.2 信息的内容维度

信息的内容维度是说信息"是什么",它包括三个方面:①准确性,是指无差错的信息;②相关性,是指与你正在做的事情相关的信息;③完整性,是指要了解的全面详细的信息。

信息的准确性说明我们接受的信息是已经经过正确处理的,其中没有差错。信息的相关性和完整性是相辅相成的,也就是说,我们应该只接收与工作目标相关的信息,而且应该接收所需要的全部的信息。在实践中应该注意的是,基于信息技术的环境带来的是信息量的剧增。例如,在互联网上,很容易使人们忽略信息的相关性,往往提供的是人们根本不需要的信息。

1.1.1.3 信息的形式维度

信息的形式维度涉及到信息"是什么样的"。信息的形式特征包括:①详尽性,指信息应该详尽适当;②呈现性,指信息以最适当的形式被提供,这些形式包括文字、图形、图像、声音、影像等。

信息的详尽性涉及到接受信息是否概括而详尽,也被称做信息的细化。例如,销售经理希望知道的信息是每个销售人员的销售量,而总部销售主管希望知道的信息可能是每个商店的销售量,而不是每个销售员的销售量。

信息的呈现性关系到所接受信息的形式。在多媒体技术普遍应用的今天，信息的呈现方式能使人们赢得或失去很多机会。例如，商品广告就是用各种形式、通过各种渠道使人们接收到商品信息。

所以说，在人们需要信息的时候（时间维度），以人们希望得到的形式（形式维度）获得正确的信息（内容维度）是至关重要的。

1.1.2 信息技术

信息技术在企业中应用的初级阶段，信息技术已经作为组织的资源。在20世纪50年代，企业开始广泛地使用计算机，主要是将其作为记录和事务处理的工具。所以，在当时，信息技术就已经成为企业的一部分。信息技术是当今企业环境中最重要的资源之一，而且成功的企业在信息技术方面均投入了大量的资金。

信息技术（Information Technology，IT）是指各种以计算机为基础的工具，人们用它来加工信息，并支持组织对信息的需求和信息处理的任务。

组织对信息技术的运用基于以下几个方面：用IT支持信息处理任务；把IT作为创新的必要条件；利用IT减缩时间和空间；IT需要大量的投入资金。

1.1.2.1 支持组织的信息处理任务，增加组织的价值

IT是实现业务目标的基本要素，也是最重要的要素，组织用IT支持信息处理任务，无论这些任务是计算和打印工资单，还是建立供用户订购产品的Web站点。如果没有持续、有效的IT应用，没有业务应用与IT的一致融合，组织业务目标则无法实现，甚至一些企业将无法生存，如银行、航空公司、通信和媒体等。这些组织依赖于建立在IT基础上的各种商业模型，例如供应链管理。如果没有IT支持，难以实现其业务流程自动处理，也难以达到合同服务水平等。

目前，越来越多的组织管理层认识到一个组织的信息资产及其利用信息资产能力的战略重要性。信息技术也是企业核心竞争力的一部分，而信息和其他无形资产（如人力资本、品牌与管理质量等）的运转都离不开IT的应用。

1.1.2.2 作为创新的必要条件

IT不仅能支持一个组织的信息处理工作，而且也能支持创新。联邦快递公司就是一个成功的例子。联邦快递公司的用户可以利用公司提供的软件以电子方式提出递送包裹的请求，并随时检查包裹在运送途中的状况。

使联邦快递公司实体系统能够高效运行的是一个称为SuperTracker的系统，该系统跟踪每个联邦快递邮件从发件人到收件人的邮递路线上的每一步。除此之外还有一个DAD系统，这个系统通过车载计算机直接连接邮车上的工作人员。DAD能迅速地将任务分派给工作人员，有效地分配工作人员的时间。联邦快递公司还提供客户软件，使客户能用自己的计算机直接查询邮件快递信息，

了解快递的细节。联邦快递充分重视网络的作用,1994 年建立了第一个 Web 站点,允许用户在站点上进行很多自己的操作。联邦快递也充分利用网络进行公司内部的交流与培训,使得联邦快递工作人员能和本公司的其他工作人员、客户公司的人员及世界各地的供应商保持联系。

1.1.2.3 减缩时间和空间

计算机强大的运算功能和高速的运算速度,使组织用很小且很方便的空间来保存大量信息,并且能用很短的时间来处理并得到希望得到的信息。由于减缩了时间和空间,对企业来说,IT 代表着一种极大的优势。运用 IT,企业能够在一个独立的地点存储大量信息,并以很快的速度处理、查询这些信息。正因为如此,许多组织已开始围绕 IT 的应用重组日常工作和信息流。

1.1.2.4 IT 占用大量的投资,同时给企业带来风险

IT 占用大量投资,具有很大的风险。因此,要求组织的高层管理者要特别重视 IT 投资,要努力使 IT 战略与公司业务目标保持一致,采用新技术,改变组织流程以适应 IT 等。

与信息系统紧密相关的 IT 技术包括:①计算机硬件;②计算机软件;③数据库技术;④网络技术;⑤通信技术;等等。

1.1.3 知识工作者

知识工作者是信息和信息技术的使用者。关于知识工作者(Knowledge Worker)还没有一个精确的定义。可以这样理解:**知识工作者是有一定教育背景和工作资历的工作人员,他们用信息进行工作,并创造新的信息。**知识工作者是促进知识管理、提高企业价值的原动力,是企业最重要的资源。

了解所需信息的准确时间、准确内容和理想形式是在信息时代做一名精通信息的知识工作者的基础。除此之外,还需要了解如何获得信息、从哪里获得信息,以及获得信息以后怎样做等问题。

因此,一名精通信息的信息知识工作者能够确定自己需要哪些信息,知道如何获得和在哪里能够获得这些信息;得到信息之后,能够理解信息的含义,并能在信息的基础上采取适当的行动,以便帮助组织获取最大的优势。在任何情况下,知识工作者都必须按照道德法律的规范去运用信息。

仔细分析,上述知识工作者需要承担的五项职责包括:

(1)需要确定自己的信息需求;

(2)必须知道如何获得以及在哪里获得信息;

(3)必须理解信息的含义;

(4)必须在信息的基础上采取适当的行动;

(5)在使用新的信息的过程中必须坚守道德法律的规范。

在下一章节,我们将详细讨论与信息系统相关的知识工作者。

1.2　系统观点

系统的观点(System View)在信息系统中非常重要。

一般认为:**系统是由相互联系、相互制约的若干组成部分结合成的、具有特定功能的有机整体。**

系统的观点为我们认识世界、描述世界、理解世界提供了有力的工具。系统的观点最早可以追溯到20世纪30年代,但直到第二次世界大战前不久,奥地利著名理论生物学家路德维希·冯·倍塔朗菲提出了一般系统概念和一般系统理论,系统的观点才逐渐被人们接受。1954年建立了一般系统理论促进协会,对系统的研究进入了一个蓬勃发展的时代。1957年美国人古德撰写的《系统工程》一书,使"系统工程"这个术语广泛地被确认下来。到了70年代,随着计算机的应用,使系统工程的思想有了充分实现的可能性。因此,系统工程在越来越多的领域中得到应用。目前,在军事、航天、水利、交通、通信等领域,包括技术工程、企业管理、社会管理等系统,都应用了系统工程的方法和思想。特别是在信息系统中,系统工程的思想和方法贯穿了信息系统建设的各个阶段。

系统观点有以下几个特性:

(1)整体性。整体性是系统最主要的特性,是系统论的基本原理。系统由多个要素组成,所有要素的集合构成了一个有机的整体。这些要素组成系统整体就表现出各个独立要素所不具备的功能和性质,形成了系统整体的功能和性质。

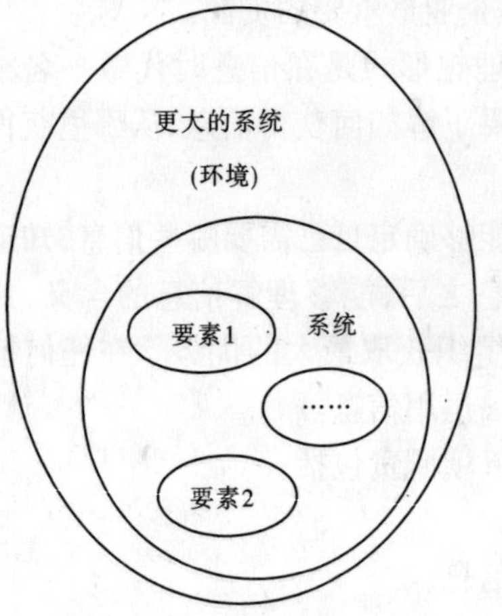

图1-4　系统的层次性

(2)目的性。任何一个系统的发生和变化都具有很强的目的性。目的(即预先确定的目标)是一个系统的主导,它决定了系统的构造和组成,也引导着系统的发展行为。

(3)层次性。由于组成系统的诸要素的差异,使系统组织在地位、作用、功能、结构上表现出等级秩序性。系统的层次性使我们在分析事物时必须注意到一个系统既是上层系统的构成要素,同时它本身还具有复杂的结构,能进行更细一级的分解,如图1-4所示。

(4)稳定性。在外界作用下的开放系统有一定的自我稳定能力,能在一定范围内保持原有的状态、结构和功能。

(5)突变性。突变是指系统从一种稳定状态进入到另一种稳定状态的一种剧烈变化过程,是质变的一种基本形式。

系统工程就是以系统的观点和方法为基础,综合地应用各种技术,分析解决复杂而难以解决的问题的工程方法。20 世纪 50 年代出现了被称之为“系统分析”的方法论思想。该方法的基本要点:一是定义问题,即列出一个或一组希望达到的目标;二是列出资源和约束,即供选择的技术和手段以及每个系统所需的成本和资源;三是给出方案,即一个或一组数学模型;四是评估、选择方案,然后实施;五是总结解决方案的有效性。

1.3 信息系统

1.3.1 什么是信息系统

从系统的观点,对组织的信息、信息技术、人等重要资源进行规划、开发、管理,就是信息系统的任务,如图 1-5 所示。

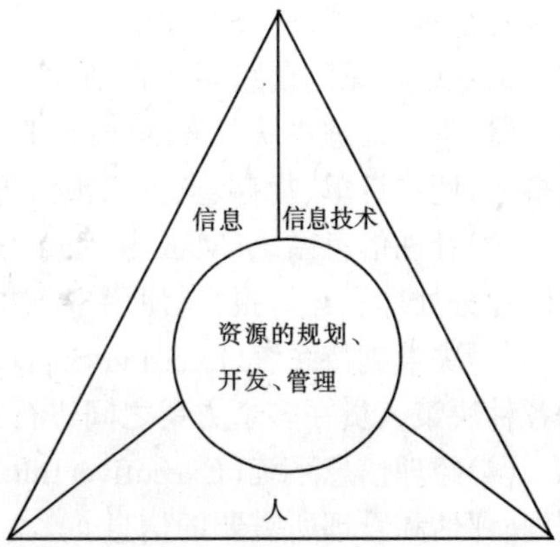

图 1-5 组织资源的规划、开发、管理

组织信息系统收集和管理数据以产生有用的信息,为组织以及组织的雇员、客户、供应商和合作伙伴提供服务。许多组织把信息系统看成是自身的竞争力或者获取竞争优势的根本要素。大多数组织已经认识到,信息系统的开发不是某个单独业务部门的事情,而会影响、改变整个组织,组织所有的工作人员都需要参加到信息系统的开发中。因此,可以认为:**信息系统(Information System,IS)是人、数据、信息和信息技术的结合,它们之间相互作用,收集、处理、存储和提供支持企业运作和决策的信息。**

人们到现在仍能记得早期的一个信息系统 SABRE 给组织带来的巨大的收益以及导致的新的产品和服务。

在 20 世纪 60 年代,美国航空公司(American Airline)面临的经营上的问题是:当时该公司在美国和世界各地有 1 008 个飞机票预约销售、订票点,每个预约订票点上按一定比例分配着该公司近千个航班的 76 000 个座位,由于各订票点之间互不联系，常常造成某一订票处机票十分紧张，而另几个订票处机票售不出去，致使航班载客率很低。为了改变这种状态，该公司利用计算机和已有的通信设备建立起了 SABRE 预约订票系统。该系统能够存取 600 000 个旅客记录和27 000个飞行航班记录，可以实现数据的自动更新、自动调节和分配各预约订票点之间的余缺，并能查询旅客航班的变动情况。系统建成后，公司将计算机终端免费送给各机场售票处和预售点。该公司航班满员率一下子就遥遥领先于其他各公司，获得了巨大的经济效益。

SABRE 除了给美国航空公司带来巨大的收益之外，同时还给公司带来了一项新的产品，那就是把系统产品出售给别的旅行社或小的航空公司，收取服务费。这项营业收入相当可观，使得美国航空公司在激烈竞争的美国航空市场中立于不败之地。

随着组织对信息系统重要程度的认识以及对信息系统的大量投资，组织当中信息系统以各种形式出现，紧密地与其为之服务的业务系统交织在一起，以至于有时很难区分哪些是组织的业务系统，哪些是支持业务系统的信息系统。

组织中常见的信息系统列举如下：

(1)事务处理系统(Transaction Processing System，TPS)，处理企业内部的日常事务，例如订单、货存、支付和预付等。

(2)管理信息系统(Management Information System，MIS)，提供面向管理的组织业务处理和运行报告，使用事务数据产生管理者运营组织所需要的信息。

(3)决策支持系统(Decision Support System，DSS)，提供进行决策的信息，辅助各种决策人员在多个方案之间进行选择。

(4)经理信息系统(Executive Information System，EIS)，支持主管经理进行规划、评估和管理所需要的信息。

(5)专家系统(Expert System，ES)，收集并重现专家和决策者的专业知识，然后模拟那些专业知识为非专家服务。

(6)办公自动化系统(Office Automation System，OAS)，支持广泛的组织办公活动，改进工作人员之间的工作流，辅助工作人员生成和共享那些支持日常办公活动的文档。

(7)计算机集成制造系统(Computer Integrated Manufacturing System，CIMS)，把企业作为一个统一的整体，从系统的观点广泛采用计算机技术，加速信息的采集、传递和加工处理，提高工作效率和质量，从而提高制造业总体水平。

近几年以来，随着企业环境的改变以及网络的迅速发展，出现了很多新的信息系统，包括电子商务(Electronic Commerce，EC)、客户关系管理(Customer Relation Management,CRM)、企业资源计划(Enterprise Resource Planning,ERP)、企业流程再造(Business Process Reengineering,BPR)、销售点实时处理系统(Point of Sales System,POS)、供应链管理(Supply Chain Management,SCM)等。我们在后续的章节再作介绍。

1.3.2 基于计算机的信息系统

从原理上讲,可以避开计算机来讨论信息系统,计算机并不是信息系统的必要条件。例如,我国古代的驿站,承担着传递物资、军事和政治情报的重要作用,形成了覆盖全国的网络,可被看做是最早的信息传递系统。但是,计算机的使用使管理信息系统更加有效。如今,世界经济发生了巨大的变化,市场全球化、需求多样化、竞争激烈化、战略短视化、增值知识化,企业需要整合核心竞争力,通过网络对内进行业务流程重组,对外进行供应链管理和电子商务活动。巨大的信息量和快速的变化,使得信息管理离不开基于计算机的信息技术。所以,我们讨论的信息系统可以被称为基于计算机的信息系统(Computer Based Information System,CBIS),1.3.1 所列举的信息系统都属于 CBIS。从图 1-6 中可以看到,所有的 CBIS 都为问题求解提供信息。

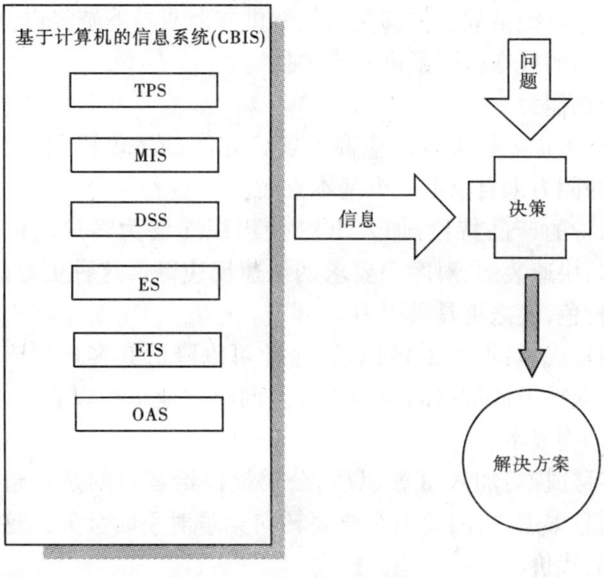

图 1-6　CBIS 为问题求解提供信息

1.4 跨组织的信息系统

在 20 世纪 90 年代,信息技术在组织中的应用发生了一个变化。信息技术应用的焦点不再局限于组织内部,而是在组织外部,加强与供应商、客户等组织外的对象的联系。例如,Dell公司就是利用信息技术建立了与材料供应商和客户之间的专属网络,并借此取得商业上的成功。到如今,跨组织系统(Interorganizational System,IOS),也被称为跨组织信息系统,已经成为一个不争的事实。

跨组织系统是许多相互联系的公司的组合,可以像一个单一系统一样运作,并通过协同工作以实现共同的目标。组成IOS的组织被称为贸易伙伴或者商业伙伴。事实上,电子商务系统、供应链管理等都是典型的跨组织信息系统。

跨组织信息系统能够给组织带来收益,无论是IOS的发起组织还是IOS的参与组织。这种收益分为两个方面:提高效率和增强契约能力。

1.4.1 提高效率

通过加入IOS,贸易伙伴能够以比竞争对手更低的成本提供产品和服务。这种效率上的提高既来自组织内部,也来自于与其他组织的联合。

在组织内部,由于加入IOS,组织能够更快地收集数据、分析数据并作出决策,因此提高了组织内部的效率;在组织与组织之间,由于加入IOS,与其他公司一起协作而使组织得到改进。这些改进使得组织能够提供更多的产品,为更多的客户服务,也可以把某项工作移交给上游供应商或者下游客户,而且更容易收集环境数据,组织的效率得到了进一步的提高。

1.4.2 增强契约能力

契约能力是指企业解决与供应商及客户之间的争议以利于自身发展的能力。企业的契约能力来自以下三个基本方面。

(1)提供独特的产品特色:加入IOS使组织能够为客户提供更好的服务。例如,方便订购、快速装运、对客户要求的快速反应等。这种更好的服务成为公司产品的附加特色,使之更具吸引力。

(2)降低搜索成本:加入IOS以后,企业可以降低其客户用于寻找供应商、确定替代产品、获得最低价格的购物成本。同时企业也可以直接从供应商订货而降低本身的购物成本。

(3)增加转移成本:加入IOS以后,公司提供给客户的是一整套服务,包括软件、硬件和信息渠道等,因此当客户要转向竞争对手时会失掉这些信息源,从而付出更昂贵的代价。

跨组织信息系统已经成为信息系统发展的趋势。

第二章　信息系统开发的环境

随着组织所处的环境的改变,信息系统开发的环境也在产生变化。环境的改变从多个方面推动了企业信息系统的开发,而信息技术的快速发展也推动了信息系统的发展。

2.1　信息系统的参与者

信息系统的开发决策由人产生,开发过程绝大部分由人完成,最后由人来使用,系统与人息息相关。那么,如果从建立一个信息系统的角度来看,与系统关联的人员有哪些?大体来说,信息系统的关联人员可以分为系统所有者、系统用户、系统分析员、系统设计人员、系统实施人员、外部服务提供者和项目经理等七类。

2.1.1　系统所有者

任何一个信息系统,无论大小,都具有一个或几个系统所有者(System Owner)。系统所有者是信息系统的发起人和主要倡导者,他们通常负责投资项目以及进行开发、运行和维护信息系统。

系统所有者一般是管理者。对于大中型的信息系统,系统所有者通常是中层和高层经理;对于小型系统,系统所有者可能是中层经理和主管。系统所有者往往关心的是结果:开发系统所需要的费用是多少?这个系统将给企业带来什么样的价值?这个系统将会给企业带来多大的好处?

信息系统将给组织带来的价值有:

(1)提高组织效率;
(2)增加组织收益;
(3)降低组织运行成本;
(4)改善客户关系;
(5)支持、优化决策;
(6)增强组织凝聚力;
(7)加强协作;
(8)改善组织形象;
(9)减少运行错误;
(10)提高安全性;

(11)扩大容量;等等。

2.1.2 系统用户

系统用户(System User)是那些使用信息系统或者受到信息系统影响的人员。例如进行数据的收集、验证、录入、存储、交换等工作的信息工人。与系统所有者不同的是,系统用户很少关心系统的成本和收益,相反,他们关心系统提供的功能怎样、系统是否易学易用,等等。尽管近些年来随着计算机技术的越来越普及,人们的计算机技术水平越来越高,但系统用户主要关心的仍是做好本职业务工作。因此,同大多数用户的讨论都必须保持在业务需求层面上,而不是技术需求层面上。同信息系统相关联的系统用户也分为不同的类型,他们都直接参与到影响他们自身的信息系统开发项目中,但所起的作用和角色不同。

2.1.2.1 组织内部系统用户

组织内部系统用户是指信息系统所属的企业的雇员。在大多数组织中,内部用户占信息系统用户的绝大多数。

内部用户的第一类是办事员和服务人员。在一般的组织中通常由他们处理大部分日常事务。他们处理订单、发货单、付款之类的事情,履行订单,销售产品,负责录入基础数据和做文字工作。企业中大部分基础数据是由这些人员产生和收集的。面向这些用户的信息系统偏重于事务处理的速度和数据处理的正确性。

内部用户的第二类是技术工人和专业人员。他们主要由业务专家和行业专家构成,进行高技术和专业化的工作。例如律师、会计、工程师、市场分析员、广告设计人员等。他们的工作以公认的知识为基础。因此,面向这些专业人员的信息系统往往更偏重数据的分析以及为解决问题而及时提供信息的能力。

内部用户的第三类是主管、中层经理和高层经理。他们都是决策制定者。主管往往关心日常管理工作;中层经理关心的是战术的和短期的管理工作及决策;高层经理关心战略的和长期的计划及决策。为了解决问题和作出决策,管理者需要在恰当的时候获得恰当的信息。为这类用户提供服务的信息系统往往注重信息获取能力和从数据中提炼出有价值的信息的能力。

2.1.2.2 组织外部系统用户

互联网扩展了传统信息系统的边界,将其他企业和直接客户都作为组织信息系统的用户包括进来。在现代信息系统中,这些组织外部用户占了越来越大的比例。

第一类外部用户是顾客。顾客指的是任何购买企业的产品和服务的企业和个人。当企业的顾客直接下订单或者执行销售业务时,他们就成了组织的信息系统的直接用户，而以往这些工作都需要组织内部用户的介入。例如，如果我们通过互联网购买了某公司的产品，我们就成为了那个企业的销售信息系统的外部用户，这种操作是在网络上通过这个企业的信息系统完成的，不需要该公司的工作人员来输入订单。

第二类外部用户是供应商。公司向其购买原材料的任何单位都被称为供应商。如今，这些供应商可以直接借助于EDI、SCM等信息系统与企业进行交互供货需求、自动生成订单满足企业的需求。

第三类外部用户是合作伙伴。组织向其购买服务或者与之合作的任何单位都被称为合作伙伴。现在许多组织外包一些基本服务，例如物业管理、网络管理、数据处理等。组织需要与其他企业合作，以便更快地生产出更好的产品。

组织外部系统用户绝大多数是远程用户和移动用户。远程用户是指不在公司办公地点但仍需要访问信息系统的用户。移动用户是指位置经常变化，但需要从任何地点都能访问到信息系统的用户。如何能让远程用户和移动用户在任何时间、任何地点通过任何设备都能够快捷方便地连接到信息系统，是现代信息系统开发中遇到的技术挑战之一。

2.1.3　系统分析员

系统分析员(System Analyst)在信息系统的建设中所起的作用至关重要。系统分析员研究组织存在的问题和需求，确定人员、数据、过程和信息技术如何解决组织中存在的问题，并使这些资源能够最大化地为组织作出贡献。系统分析员不仅需要具备计算机技术，更重要的还要具备信息系统规划、设计、开发以及评估的技术和能力。

系统分析员研究现存业务系统和组织中存在的问题，然后把业务和信息需求转化成基于计算机的信息系统的规格说明，而这个信息系统则由程序员等其他技术专家来实现。

信息系统分析员是美国劳工部统计的2000～2010年增长最快的职业之一，如表2-1所示。因此，对于系统分析员来说，就业前景十分光明。但是作为系统分析员，需要掌握一定的方法和技巧。

希望成为系统分析员的人们，需要哪些技巧呢？

除了正规的系统分析和设计技能之外，系统分析人员还必须拥有以下一些技能、知识和品德：

(1)有效的信息技术知识。系统分析员必须了解现有的和正在出现的信息技术。这些知识可以从大学教程、专业的技术培训、公司内部的培训以及同行的交流中获得。系统分析员还可以通过阅读专业文献和参加专业学术会议更新自己的知识。

表 2-1　2000～2010 年增长最快的职业　（单位：×10^3 人）

职业	雇员数	
	2000 年	2010 年
计算机软件工程师应用软件	380	760
计算机维护专家	506	996
计算机软件工程师系统软件	317	601
网络和计算机系统管理员	29	416
网络系统和数据通信分析员	119	211
桌面出版人员	38	63
数据库管理员	106	176
个人和家庭服务	414	672
系统分析员	431	689
医务人员助手	329	516

(2)计算机编程知识和经验。如果系统分析员没有任何编程经验，很难恰当地为程序员准备业务说明和技术说明。大多数系统分析员需要精通一门或几门高级程序设计语言。

(3)一般商务知识。系统分析员应该能够同业务专家沟通，了解用户业务中的问题和需求。系统分析员应该学习一些基本商业相关课程，例如市场营销学、生产管理、运作管理、质量管理、财务学、经济学、商业法等。

(4)分析、解决问题的技能。对系统分析员来说学习一些解决问题的技能、辩证思维、演绎与推理的知识是十分重要的。系统分析员必须能够找出一个大的业务问题，并把它分解成小的问题，分析问题的各方面，然后再提出改善的方案以解决问题。

(5)良好的与人沟通的能力。每个系统分析员都应该能够掌握有效的沟通，包括口头沟通和书面沟通。在现代社会，沟通技能将成为职业成功与失败的一个最大且关键的因素。商务写作、技术协作、商务发言和技术讨论、交谈、聆听，对于系统分析员来说都是非常有用的技能。

(6)良好的处理人际关系的能力。系统分析员同系统开发项目中的所有管理人员打交道，需要有效的人际关系能力，使得分析员能够适应人员的变化、人员之间的冲突和矛盾等。

(7)灵活性和适应能力。信息系统的开发项目没有完全相同的,因此没有能够用于系统开发的以不变应万变的一个固定的模式。系统分析员应该认识到这一点并且学会适应特殊的情况。

(8)人格与道德规范。系统分析员的工作特性要求其具有优秀的人格和道德品质。系统分析员经常会遇到不易公开的保密信息,而系统分析和设计的产品应该是属于系统所有者的财产。

关于计算机道德,广为大家所接受的标准是美国计算机道德研究所制定的被称为“计算机道德的十条戒律”。内容包括:

(1)不应使用计算机危害他人;

(2)不应干涉他人的计算机工作;

(3)不应偷窃他人的计算机文件;

(4)不应使用计算机进行偷窃活动;

(5)不应使用计算机作伪证;

(6)不应拷贝或使用没有付费的收费软件;

(7)不应未经授权或在没有恰当补偿的情况下使用他人的计算机资源;

(8)不应挪用他人的智力成果;

(9)应当注意你编写的程序和设计的系统所造成的社会后果;

(10)用计算机时应该考虑他人并尊重他人。

2.1.4　系统设计人员

系统设计人员(System Designer)是将系统用户的业务需求和约束条件转化成技术方案的技术专家。他们设计满足系统用户需求的数据库、输入、输出、系统界面、网络和程序方案等。

系统设计人员包括以下几类:

(1)数据库管理员,负责设计数据库以及协调对数据库的修改。

(2)网络架构师,负责设计、安装、配置、优化和维护网络,包括组织内部的局域网、广域网、内联网、外联网、与互联网以及其他外部网络的连接等。

(3)Web架构师,负责Web站点设计,包括因特网上的公共Web站点,企业内部的Web站点,以及私有的企业对企业的Web站点等。

(4)图形艺术师,他们是图形技术专家,负责设计和构造有吸引力的、易使用的系统界面,包括PC界面、Web界面、手持设备界面等。

(5)安全专家,确保网络和数据的安全。

2.1.5　系统实施人员

系统实施人员(System Builder)是根据系统设计人员的设计说明实现信息

系统的技术专家。他们是信息系统开发的另一类角色。包括以下几类：

(1)应用程序员，负责将业务需求、问题和流程陈述转化成计算机语言。应用程序员开发、测试应用程序，并为计算机应用程序确定数据。

(2)系统程序员，负责开发、测试和实现操作系统及软件、工具和服务。

(3)数据库程序员，是数据库语言和技术方面的专家，负责构造、修改和测试数据库结构，以及使用和维护数据库结构的程序。

(4)网络管理员，负责设计、安装、维修和优化计算机网络。

(5)Web 站点管理员，负责编码和维护 Web 服务器。

2.1.6　外部服务提供者

外部服务提供者(External Service Provider，ESP)是销售他们的专业知识和经验给其他组织，帮助组织购买、开发和集成组织的信息系统的系统分析员、系统设计人员、系统实施人员或其他专业人员。信息系统的外部服务提供者一般属于某个咨询机构和服务机构。ESP 的例子包括技术工程师、销售工程师、系统顾问、系统集成人员等。

特别是近几年以来，随着人们对信息系统重要性的认识，各个组织都投入大量资金进行信息系统建设，因此出现了很多信息系统集成服务公司，它们都属于信息系统的外部服务提供者。

虽然每个系统集成服务商对“信息系统集成”的概念都有自己的理解，但本质上信息系统集成是指按照用户的需求，对众多的技术和产品进行合理选择，最佳配置各种软件、硬件及各种资源，组合成完整的、能够解决客户具体应用需求的集成方案，使系统的整体性能达到最优，而且先进技术易于实现、使用灵活、具有可扩充性以及在投资上具有收益性。

为了管理和控制系统集成服务商的服务和质量，中国信息产业部在 1999 年颁布了《计算机信息系统集成资质管理办法》(信部规[1999]1047 号)。在这个管理办法中明文规定：“计算机信息系统集成的资质是指从事计算机信息系统集成的综合能力，包括技术水平、管理水平、服务水平、质量保证能力、技术装备、系统建设质量、人员构成与素质、经营业绩、资产状况等要素。”而且，“凡从事计算机信息系统集成业务的单位，必须经过资质认证并取得《计算机信息系统集成资质证书》”，“凡需要建设计算机信息系统的单位，应选择具有相应等级《计算机信息系统集成资质证书》的计算机信息系统集成单位来承建计算机信息系统。”

计算机信息系统集成资质等级分一、二、三、四级。各等级所对应的承担工程的能力不同，如表 2-2 所示。

表 2-2　计算机信息系统集成资质等级对应的承担工程的能力

等级	对应的承担工程的能力
一级	具有独立承担国家级、省(部)级、行业级、地(市)级(及其以下)、大中小型企业级等各类计算机信息系统建设的能力
二级	具有独立承担省(部)级、行业级、地(市)级(及其以下)、大中小型企业级或合作承担国家级的计算机信息系统建设的能力
三级	具有独立承担中、小型企业级或合作承担大型企业级(或相当规模)的计算机信息系统建设的能力
四级	具有独立承担小型企业级或合作承担中型企业级(或相当规模)的计算机信息系统建设的能力

申请资质认证的单位应具备的条件:

(1)具有独立法人地位;

(2)独立或合作从事计算机信息系统集成业务两年以上(含两年);

(3)具有从事计算机信息系统集成的能力,并完成过三个以上(含三个)计算机信息系统集成项目;

(4)具有胜任计算机信息系统集成的专职人员队伍和组织管理体系;

(5)具有固定的工作场所和先进的信息系统开发、集成的设备环境。

信息产业部还明文规定:如因计算机信息系统主建单位没有按规定选择具有相应等级《计算机信息系统集成资质证书》的信息系统集成单位而出现工程质量问题的,将由有关部门追究信息系统主建单位和承建单位的责任。

2.1.7　项目经理

现代信息系统的开发是很多人共同合作的结果,强调团队工作,也就是说所有人必须作为一个团队一起工作才能构造出对企业有效的信息系统。有团队就需要有领导,因此现代信息系统的开发需要设立项目经理的角色。项目经理(Project Manager)是经验丰富的从业人员,负责根据进度安排、预算、发布产品、客户满意度、技术标准和系统质量来计划、监督和控制项目。

项目经理不仅是项目的执行者,更应该是项目的管理者。信息系统项目经理是项目的总负责人,负责从项目启动到项目结束的整个过程。因此,项目经理是系统开发项目中最难选的人。

美国国家科学基金会在 1997 年出了一份名为《为未来打基础:信息技术业的能力标准》的报告。该报告研究了如何提高信息技术人才教育,是工业界和学术界的合作研究成果。研究发现,项目管理是任何一个信息技术领域里都要用得到的工作技能之一。

那么,怎样做一个好的信息系统项目经理呢?

首先,要认识到好的项目经理的工作职责。好的项目经理关键的15个项目管理工作职能列举如下:

(1)确定项目的范围;

(2)识别项目干系人、决策人和逐级程序;

(3)制定详细的任务清单工作分解结构;

(4)估计时间要求;

(5)制定初步的项目管理流程图;

(6)确定所需的资源和预算;

(7)评估项目要求;

(8)识别和估计项目风险;

(9)制定应急计划;

(10)明确相互关系;

(11)确认并跟踪项目的关键里程碑;

(12)参与项目阶段的评估;

(13)保障项目所需的资源;

(14)管理变更控制过程;

(15)汇报项目状态。

上述所列举的工作职能都需要有不同的执行标准、基本技能、技术知识和个人素质。有一项研究调查了100位现任的项目经理,调查的目的在于确认有效的项目经理需要哪些关键素质。调查统计的结果显示了有效的项目经理与低效的项目经理的差别。

有效的项目经理表现为:

(1)有表率作用;

(2)有洞察力;

(3)技术过硬;

(4)有决断力;

(5)善于沟通;

(6)善于激励他人;

(7)必要时能够支持上级领导;

(8)支持团队成员;

(9)鼓励新概念、新思想。

低效的项目经理表现为：

(1)表率作用差；

(2)不自信；

(3)缺乏专业技能和经验；

(4)不善于沟通；

(5)不善于激励他人。

研究结果表明，那些干得很好的项目经理都能够以身作则，具有很好的洞察力，技术能力很强，善于沟通和激励他人，在必要的时候能与上层领导保持一致，并极力支持团队人员，能鼓励新思想。在调查中还发现，被调查者都认为积极的领导是项目成功最主要的原因。

因此，一个合格的项目经理至少应当具备如下的素质。

2.1.7.1　广博的知识

知识是指通过书本、学校、实践等学到的关于特定主题的信息。信息系统项目经理所需要的知识包括以下三个部分：

(1)项目管理知识。包括项目管理的理论、方法论和相关工具。

(2)与信息系统相关的信息技术知识。项目经理应当对信息系统相关的信息技术知识有全面的了解。

(3)行业知识。信息系统只和单个操作人员相关的非常少，基本上都是覆盖企业所有部门的项目。因此，必须掌握相关客户行业的知识，这样才能找准信息系统和企业运行的结合点，使得系统能够支持企业效益的提升。

需要注意的问题：一是知识的来源并不仅限于学校，从实践中总结出来的经验是最宝贵的知识；二是和项目组织中的其他人员相比，项目经理所要求掌握的信息技术知识更侧重于全面了解，而不像技术人员那样只需掌握部分细节。

2.1.7.2　丰富的经历

经历强调的是已经做过的事情，或者是使用知识的过程。因此，丰富的经历也包括了在项目管理、信息系统开发和企业行业这三个领域的经历。

从事项目经理这个职业需要注意提高自己的学习能力，以在不同经历中积累和丰富与项目管理有关的知识，并注意强化弱项的锻炼，从而提高项目管理水平，保证自己能够在新项目中更快地进入工作状态。因为很多信息系统开发项目表面上看起来不同，但在项目管理本质上却存在着很多相通的内容。

2.1.7.3　良好的平衡能力

如果一个项目经理不能做到公正无私，就难以服众，就无法带好项目团队。

因此,项目经理应做到公正无私,能够虚心接受他人的建议;能够机智地讨论他人的失误并提出建设性的批评意见,主动帮助纠正错误;能够接受别人的批评和意见;能在团队中讨论、解决争议;接受团队合作原则,支持团队决策;能促进团队进步;有能力影响团队过程,与他人合作共同寻找一致方案,以达到共同的利益标准。

2.1.7.4 良好的职业道德

项目经理必须保持良好的职业道德。用户对项目有知情权,项目开发中存在的问题如果蓄意隐瞒、误报,从而导致用户的不信任,那么这样的项目经理就是失职的。只有用户和项目开发团队互相理解,才能保证项目的顺利进展。

2.1.7.5 良好的沟通与表达能力

项目经理要和各方面的人员打交道,包括项目组内的人员、用户、上级主管,也要和各层次的人员打交道,为了项目的成功要通过沟通交流消除来自各方面的阻力。这就要求项目经理能够仔细聆听他人的意见;能够正确传播各种信息;能说服他人并能获得理解;所做的工作要能被整个团队和环境所接收;待人以友好恰当的方式,平易近人,欣赏、鼓励他人的有效劳动。

2.1.7.6 良好的协调能力

项目经理要能够通过现象看到本质,通过细节发现大问题,发现问题后要果断采取措施,否则就会贻误时机。这种良好的协调能力包括:要以绩效激励他人,接受项目组全体成员;容纳和接收不同的观点;接受和尊重少数派和团队成员的自主性以使他人成功;激励处于困难环境中的项目组成员;提供解决问题的方案;富有创造性,并且喜欢新的建议;有协调的态度,有坚持到底的能力、精力和毅力;有创造激情和鼓励他人的热情;坚持有效的合作,寻求不同分歧间的协调;为实现团队共同目标,能综合不同利益,通过多种选择发现最佳解决方案。

2.2 企业建设信息系统的动力

现代科学技术的发展已经逐渐改变了企业的经营环境、市场结构、交易方式、竞争战略、人力资源政策、组织的结构以及运作方式。如今,电子商务、全球化、虚拟组织、企业流程再造、外包经营等新名词不断涌现,可以看到,科学技术已经改写了企业的外部环境和内在的运作方式。这些相关因素的变化促进了企业信息系统的建设。

2.2.1 经济的全球化

20 世纪 90 年代以来,经济全球化的趋势越发明显。随着越来越多的工业化国家提供低价、高质量的产品,竞争演变成全球化。运输工业的发达,使物流畅通而成本持续下降。信息科技的进步使信息处理变得快速而成本低廉。通信和网络技术的发达,让全球各地可以在几秒钟之内完成信息的交换。这些因素促使全球成为一个经济体系。企业竞争的对手不再只限于国内同一产业的厂商,而是全球的厂商。

在这种环境之下,企业的经营需要一种全球性的眼光。例如,美国德州仪器公司把一部分研发部门设在印度,因为印度有很好的工程师而且工资比美国本土低。美国 VeriFone 公司在选择公司各职能部门设立的地点时也采取了全球化的考虑,在该政策之下,公司的工程、制造、分销部门设在中国台湾地区,系统开发部门设在印度,客户服务设在欧洲各处,使公司的员工在实体上更接近客户,而员工彼此之间则在"电子空间(Cyberspace)"很接近,员工间通过全球性的互联网络以及公司的内联网络,借助 E－mail、网络会议等渠道,彼此沟通非常方便。

全球化造成了很多新的商机,但也使得协调工作更加复杂。信息系统可以吸收一部分复杂的协调工作,因而成为全球化作业方式中不可缺少的一项工具。

2.2.2　电子商务的兴起

由于经济全球化和无所不在的因特网,企业正在改变或者扩展现在的业务模式,以实现电子商务。电子商务(Electronic Commerce,EC)是指通过使用互联网购买和销售商品以及服务。互联网正从根本上改变企业做生意的方式和规则。越来越多的企业将 Web 页面作为一种合适的处理企业内部日常事务的体系结构。

电子商务的应用基本上分为以下三类:

(1)形式上最简单的电子商务应用是公司形象、产品和服务的营销宣传,其中互联网仅仅用来向客户通报有关产品服务和公司策略的信息。如今,大多数企业已经实现了这个层次上的电子商务。

(2)企业对客户(Business to Consumer,B2C)的电子商务模式正在为传统的产品和服务提供新的基于企业 Web 的销售渠道。客户可以直接通过互联网查询商品、订购产品并为商品付款。这类电子商务应用的成功的例子包括销售图书和音像商品的 Amazon. com 以及销售股票和债券的 E-trade. com。这两个公司都是建立在 Web 上的企业。如图 2-1 所示。

(3)企业对企业(Business to Business,B2B)的电子商务则代表着真正的未来。这是一种复杂的电子商务形式,并且最终会进化到电子业务——组织之间和组织内部的所有业务事务完全无纸化和数字化处理。

B2B 电子商务的一个例子是电子采购。企业每年用于购买原材料、设备的

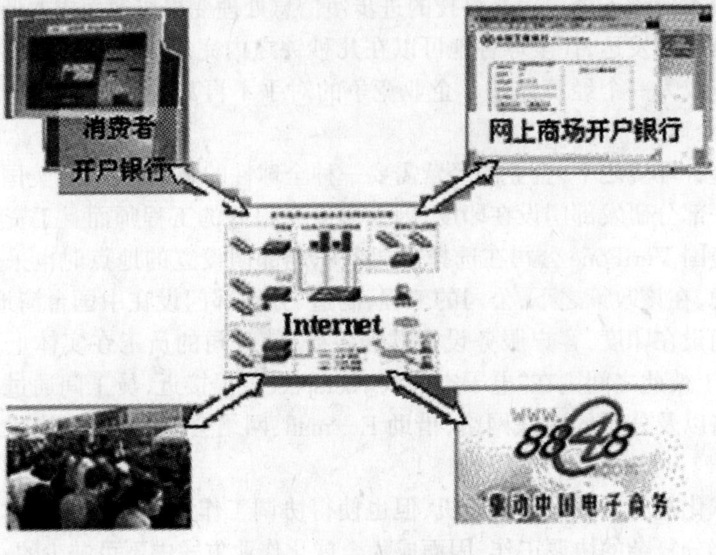

图 2-1　B2C 电子商务

花费常常有很多。B2B 的采购让客户浏览电子商铺和商品目录,发出购买请求和订单,转发购买请求和订单,订购商品和服务并为发货的商品和实现的服务付费。

基于这种发展趋势,大多数新的信息系统都面向互联网体系结构设计。如今,可以看到越来越多的应用软件设计成为能在互联网浏览器(如 Internet Explorer)中运行。

2.2.3　供应链管理

供应链(Supply Chain,SC)由波特的价值链理论发展而来。波特(Michael E. Poter)是哈佛的教授,主要研究竞争优势。他的理论和思想为那些想获得超过竞争对手优势的公司提供了指导方针和策略。

波特理论的核心是"边际收益"概念。公司实施创造价值的活动被波特称为"价值活动"。价值活动分为基本价值活动和支持价值活动两大类。基本价值活动包括输入物流、运行、输出物流、营销和市场、售后服务等和生产有关的活动。支持价值活动提供资金输入和基础设施,包括采购、研究与开发、人力资源管理、公司基础结构。把基本价值活动和支持价值活动连接起来就形成了价值链,如图 2-2 所示。

每个组织都有自己的价值链。但是一个企业的产品可能成为另一个企业的原料,这样,不同的价值链就通过供需关系联系起来,形成一个网络,波特称之为

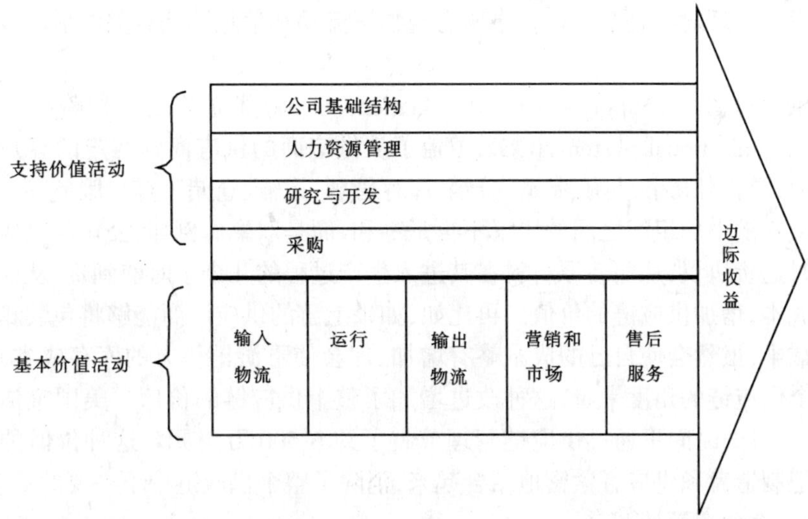

图 2-2　波特的价值链

价值系统,也就是供应链。在这个链中,每个企业既是链中某个对象的用户,又是另一个对象的供应者。供应链的管理目标就是要把这个供需的网络管理好,让这个供应链比它的竞争对手更有效。假如有一位顾客走进 Wal-Mart(沃尔玛)商场要买洗涤剂,整个洗涤剂的供应链的示意图如图 2-3 所示。

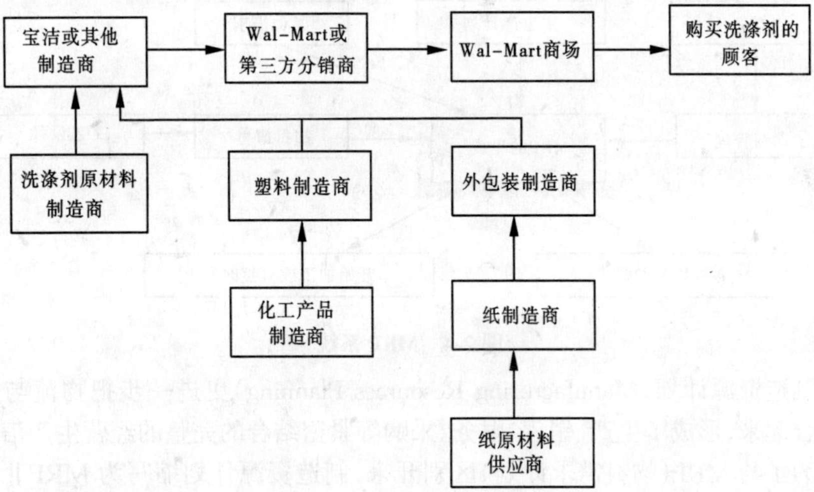

图 2-3　供应链的例子:洗涤剂

供应链管理的范围包括从最初的原材料购买直到最终产品到达用户手中的

全过程。管理对象是在此过程中所有与物资流动和信息流动有关的活动及相互之间的关系。

供应链管理(Supply Chain Management,SCM)建立的是一种跨组织系统(Interorganizational System,IOS),覆盖了从供应商的供应商到客户的客户的全部过程,包括外协和外购、制造、分销、库存管理、运输、仓储和客户服务等。居于同一供应链中的组织之间的协议不再是零和,而是双赢。例如,公司与供应商达成准时送货协议,从而使原材料在其进入生产过程的几个小时前到货,从而减少存储成本,增加供应链的价值。再比如,如果上游的供应厂商能够将包装箱体的尺寸减半,虽然会使自己的成本略有增加,却会使下游销售方的库存成本减少,从整个供应链的角度来看,这种改进增加了整个供应链的价值。美国宝洁公司在18个月的时间里通过供应链管理节省了约6 500万美元。这种价值的增加来自把制造者和供应者紧密地结合起来,消除了整个供应链中不必要的活动。

2.2.4　企业资源计划

企业资源计划(Enterprise Resource Panning,ERP)的发展经历了一个从物料需求计划到制造资源计划、从制造资源计划到企业资源计划的阶段。

物料需求计划(Material Requirement Planning,MRP)的基本思想就是从最终产品的生产计划反推出相关物料的需求量和需求时间,并根据物料的需求时间和生产与订货周期确定其开始加工或订货的时间。MRP系统如图2-4所示。

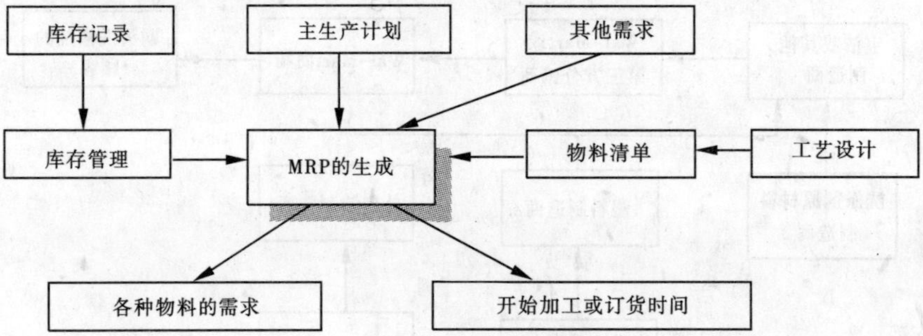

图2-4　MRP系统

制造资源计划(Manufacturing Resources Planning)更进一步把物流与资金流结合起来,形成了生产、销售、财务、采购等紧密结合的完整的经营生产信息系统。为了与MRP(物料需求计划)区别开来,制造资源计划缩写为MRPⅡ。标准形式的MRPⅡ包括16项功能领域:生产与销售管理、需求管理、主生产计划、物料需求计划、物料清单子系统、库存管理子系统、计划入库子系统、车间作业管理、能力需求计划、投入产出控制、采购、配送资源计划、工具准备、财务计划接口、仿真模拟和绩效评价。

企业资源计划是MRPⅡ的进一步发展。企业资源计划是建立在信息技术基础上，利用现代企业的先进管理思想，为企业提供决策、计划和控制以及经营业绩评估的全方位、系统化的管理平台。

从管理范围上，MRPⅡ是面向企业的生产制造部分，而ERP管理范围则包括了整个企业的各个方面，包括财务、制造与人力资源三大职能区域。从应用行业上，打破了MRPⅡ局限在传统制造业的格局，可以应用于诸多行业，如金融业、高科技产业、通信业、零售业等。

ERP最早是由美国加特公司(Gartner Group Inc.)在20世纪90年代初提出的。在实践中，ERP不同的系统设计思路及方法不同。最权威的界定标准是Gartner Group提出的一系列的功能标准。这些功能标准包括以下四个方面：

(1)在软件功能范围上，ERP超越了集成范围，包括质量管理、实验室管理、流程作业管理、配方管理、产品数据管理、维护管理、管制报告和仓库管理等。

(2)从软件的应用环境上，ERP支持和适合不同的制造环境，既可支持离散的制造环境，又可支持流程的制造环境，并支持国际范围内的应用。

(3)从软件功能增强上，ERP支持能动的监控能力，包括在整个组织内采用控制和工程方法、模拟功能、决策支持和用于生产及分析的图形能力。

(4)从软件支持基础上，ERP支持开放的计算环境，包括C/S体系结构、图形用户界面、面向对象技术、SQL数据库查询等。

调查显示，在1998年美国大型企业有57%采用ERP系统。

2.2.5 客户关系管理

美国宾州大学David Schmittlein教授说："利用信息技术，可以将客户变成企业的重要资产。"这正是客户关系管理的主要精神。20世纪90年代以后，由于网络技术的发展，迫使企业市场发生变化，组织必须与全球的竞争者一起竞争，消费者有权利任意选择符合自己需求的产品，而且通过网络，消费者不必花费很大的成本就可以找到世界级的优秀产品。因此，对特定产品的忠诚度变得越来越难以建立。在这样的情况下，客户关系管理(Customer Relation Management，CRM)应运而生。

传统的ERP系统着眼于企业后台的管理，目标是充分、优化利用企业的各项资源，但是缺乏直接面向客户的管理。随着因特网和电子商务的发展以及个性化产品、服务和管理的要求，企业越来越直接地面向客户。

客户关系管理指的是企业通过富有意义的交流沟通，理解并影响客户行为，最终实现提高客户获得、客户保留、客户忠诚和客户创利的目的。

客户关系管理的一个较早、较成功的例子是隶属于 Wal-Mart 公司的一个山姆直销(Sam's Direct)部门,采用了一种十分有效的技术——购物篮分析(Market Basket Analysis,MBA),因而使得该部门的销售收入增加到大约 160 亿美元,而整个会员制批发业市场才 400 亿美元。

购物篮分析的作用表现为在客户购买的多种商品之间建立联系,并以此了解什么商品与其他商品一同被买走。购物篮分析也可以通过比较相似的客户所具有的相似的购买模式了解不同客户的习惯。

Wal-Mart 公司综合利用运营、分析、交易、互动、构造模型、历史数据和预测等多方面的处理手段,实施客户关系管理,它的盈利能力超过了行业内的所有其他公司,赢得了竞争优势。

客户关系管理离不开信息技术。特别是数据仓库和数据挖掘,在客户关系管理中起着不可缺少的作用。在 Wal-Mart 公司的数据仓库中,存储着 65 周以来它的 3 000 家连锁店的每一笔销售以及每件商品的尺寸、形状、颜色等详细数据。1999 年 8 月,Wal-Mart 公司宣布它的数据仓库所存储的数据已经超过 100 terabyte,也就是说其信息基础设施中有 100 万亿 byte 的数据空间可以用于进行客户导向的商业分析和管理。

2.3 信息系统的技术推动力

信息技术的进步也是信息系统的推动力。可以看到,一方面,旧的技术会带来很多问题,这些问题的解决会促进信息系统项目的开发。例如,在 20 世纪末,为了修改所谓的“千年问题”,使以前的信息系统能够在新世纪开始时正常工作,整个社会投入了巨大的资源。另一方面,新的信息技术会引发新的机会,从而也促进了信息系统的发展。

2.3.1 网络技术

计算机网络是信息系统的基础。

计算机网络是用传输介质把分布在不同地理位置的计算机和其他通信设备连接起来,实现数据通信和资源共享的分布式系统。计算机网络的构成包括计算机系统、通信设备、传输介质和网络协议软件等。计算机网络具有数据通信、共享资源、提高计算机的可用性和可靠性、易于进行分布处理等优点。

信息系统中,常用的计算机网络拓扑结构包括星型结构、总线型结构、环型结构、网型结构等,如图 2-5 所示。

(1)星型结构的网络有一个中央结点,与其他结点直接相连。中央结点控制全网的通信,任何两个结点之间的通信都要通过中央结点。星型结构建网容易、

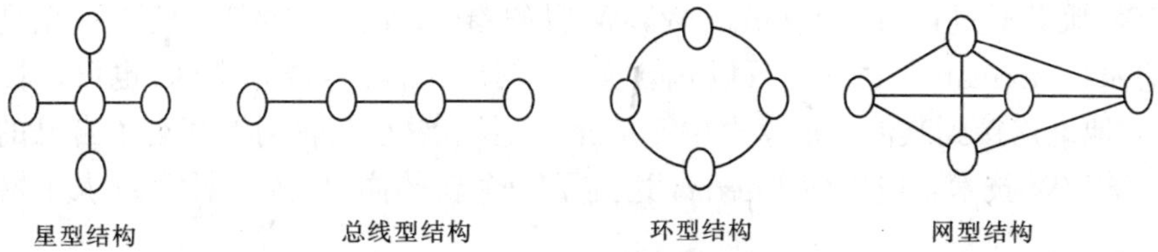

图 2-5　典型的网络拓扑结构

控制简单、成本较低、便于管理。其缺点是属于集中控制，对中心的依赖性大，中心结点的故障可能造成全部网络的瘫痪。

(2)总线型结构网络所有的结点和工作站都连在一根公共的电缆线(总线)上。总线型结构安装容易，网络连接成本低。但是，总线型结构的缺点在于总线对于整个网络影响较大，一旦总线发生故障将会影响到所有的用户。

(3)环型结构网络所有的结点通过公共传输电缆组成一个闭环。环型结构简单，传输延时确定。但是环型结构中环结点增多时效率下降，而且环中每个结点与邻近结点之间的通信线路都会成为网络可靠性的“瓶颈”问题。

(4)网型结构又被称做无规则型。网络结点之间的连接是任意的，没有规律，系统可靠性高，但是结构复杂，必须采用路由选择算法与流量控制方法。

除了这些典型的结构之外，还有其他一些类型的拓扑结构，例如树型结构等。信息系统开发实际应用中，较少采用单一的结构，往往根据需要采用混合型结构。

推动信息技术向前发展的另外一个因素是互联网。

互联网 Internet 的出现引起了组织环境的巨大的改变，它是在 TCP/IP 协议下实现的全球性的互联网络。Internet 最早源于美国国防部高级研究计划署建立的 ARPANET。ARPANET 是世界第一个分组交换网，1969 年刚成立时只有 4 个结点，但得到了迅速发展。TCP/IP 协议于 1974 年研制出来，成为互联网的核心协议。随着 TCP/IP 的标准化，ARPANET 规模不断扩大，到 20 世纪 80 年代中期，ARPANET 成为 Internet 主干网。在 20 世纪 80 年代后期，美国国家科学基金会(NSF)建立了全美五大超级计算机中心。为了资源共享，NSF 建立了基于 IP 的计算机网络，将各大学就近联到地区网上，而每个地区网联到一个超级计算机中心，超级计算机中心再彼此互联起来。NSFNET 对 Internet 结构与功能都有非常重要的影响。

到 20 世纪 90 年代初期，Internet 在学术界、政府与研究部门获得了广泛的应用，一种新的应用 WWW(World Wide Web)改变了 Internet 的应用方式。

WWW 服务通过在一台 Internet WWW 服务器(Web Servicer)中建立一系列的信息页(Information Page),可以包含文本、图形、语音与视频图像,也可以嵌入 URL 地址连接到其他的信息页中。从此,许多组织在互联网上都有了自己的主页。WWW 技术及应用使 Internet 达到了一个新的高潮,人类社会进入了网络时代。

TCP/IP、HTML、Web 等 Internet 技术不仅在组织与组织之间进行网络互联使用,也可以用于组织内部信息网的建设。所有的组织都面临着一个共同的问题,那就是激烈的市场竞争。为了适应这种形势的需要,增强企业对市场变化的适应能力,提高管理效率,必须将 Internet 网络技术引入到企业管理之中,这就是组织内联网 Intranet。

Intranet 问世以后发展很快,现在全球几乎 80% 的 Web 服务器都与 Intranet 应用相关。利用 Intranet 构建企业内部信息系统,有以下明显的优势:

(1)信息格式统一。Intranet 的所有界面与 Internet 用户界面是相同的,Intranet 用户可以很方便地访问 Internet,使用 Internet 的各种服务,同时 Internet 用户也能够方便地访问 Intranet。

(2)简单易用,具有多媒体和动态交互功能。Intranet 提供信息链接功能,可以直接使用电子邮件,使得企业内部通信变得更加便捷快速。

(3)系统开发容易,成本较低。Intranet 使用的技术都是成熟的 Internet 技术,易于实现跨平台的系统集成。

(4)能够解决信息的保密与公开的问题。企业内部的信息分为两类:企业内部的保密信息和向社会公开的信息。企业内部的保密信息不允许任何外部用户访问,而公开的信息则希望尽可能多地被访问。Intranet 与 Internet 之间架设防火墙能够使企业内部的保密信息不公开,而企业公开的信息又可以方便地被外部用户访问。

2.3.2 数据资源管理技术

数据处理的中心问题是数据管理,即对数据的分类、组织、编码、存储、检索和维护。信息系统的数据管理主要经历了手工管理阶段、文件管理阶段、数据库管理阶段和数据仓库管理阶段。

2.3.2.1 数据库

1)数据库系统的特色

与文件系统相比,数据库系统具有以下特色:

(1)数据与应用程序相互独立。数据库借助数据库管理系统为中介,使应用程序可以不必包含文件数据细节,甚至物理存放数据的方法与细节等。

(2)数据得以标准化。由于数据集中存放管理,可以借助数据管理的程序制定数据标准。例如,每个数据项只有一个数据名称、意义及格式等。

(3)数据的输入只有一次。数据库规定每个数据项其数值输入只能有一个来源。例如,销售交易的金额只能来源于销售系统,因此输入数据的不一致性就可以避免。

(4)数据共享。所有使用者只要经组织授权就可以使用数据库中的数据。

(5)数据整合。数据存放在数据库内,使得文件之间的关系与数据项之间的关系可随使用者需求的不同而不同。

2)数据库模式

数据库模式要建立数据间的关联。最常见的数据库模式包括下列三种:

(1)层次式数据库模式。将数据以树状的形式组成,要存取一项数据必须从根结点开始,然后沿着链接一个一个地找。它只提供一对多的关系,即一个父项对多个子项。该类数据模式以IBM的IMS数据库管理系统为代表。

(2)网络式数据库模式。其数据组成类似一个网状结构,可以提供多对多的关系,一个子项可有多个父项,一个父项也可有多个子项。网络式数据库以Gullinet公司的IDMS为代表。

上列两种数据库模式都是采用一次一个数据的顺序化方式来存取数据。要查询某一项数据必须先找到通往该项数据的存取路径,然后再一步一步地找过去。

(3)关系式数据库模式。关系式数据库模式是最被广泛使用的数据库结构,可以克服以上两种数据库模式的局限。关系数据库模式中的所有数据均以二维表格的形式表示,每一张表格因而被称为一个“关系”,相当于一个文件。

关系式数据库的最大特点是只要在两个文件间有相同的数据值,这两个文件便可以相互关联,从而使多个文件的数据很容易地被析取和合并。此类关系数据库模式的代表是IBM公司的BD2以及ORACLE公司的ORACLE。而用于PC机上的关系式数据库管理系统有Foxsoft公司的Foxbase+以及Microsoft的Access等。

2.3.2.2　数据仓库

数据仓库在信息系统的建设当中有很好的发展前景。数据仓库(Data Warehouse,DW)是近年来兴起的一种新的数据库应用。数据仓库是一种只读的、用于分析的数据库,它是面向主题的、集成的、稳定的、随时间不断变化的数据集合,用于支持经营管理中的决策制定问题。

可以这样理解数据仓库的特点:

(1)主题是一个在较高层次上将数据归类的标准,面向主题是指面向用户决策时所关心的重点问题,例如销售、成本、利润等。

(2)数据仓库的集成特性是指在数据进库之前,必须经过系统的加工整理和集成,形成相互一致、具有代表性的数据,而不是业务处理系统数据的简单拼凑与汇总。将原始数据结构从面向应用转向为面向主题是建立数据仓库的关键。

(3)数据仓库的稳定性是指数据仓库反映的是历史数据,而不是日常事务处理产生的数据,数据经过加工和集成后进入数据仓库是极少或者根本不能改变的。

(4)数据仓库是不同时间的数据集合,它要求数据仓库中的数据保存能够实现满足决策分析的需要,而且要标明数据的历史时期,以便于进行时间趋势分析。

数据仓库最根本的特点是数据物理存放,而这些数据并不是最新和专有的,而是来源于其他数据库的。数据仓库的建立并不是取代数据库,而是要建立在一个比较全面和完善的信息应用的基础上,用于支持高层决策分析。

数据仓库作为决策支持系统的一种有效、可行的体系化解决方案,包括三个方面的内容:数据仓库技术、联机分析处理技术(Online Analysis and Process,OLAP)、数据挖掘技术(Data Mining,DM)。

2.3.3 面向对象技术

正像如今最常用的编程语言是面向对象的语言一样,现代信息系统的多数都是使用面向对象技术构造的。

使用面向对象技术,系统开发人员可以利用被称为"对象"的软件部分构造系统。面向对象软件与非面向对象软件相比,有以下两个基本的优点:

(1)对象是可以重用的。一旦对象被设计和构造出来,它们就可以被重用到多个信息系统和应用软件中。这种重用技术减少了开发时间。

(2)对象是可以扩展的。对象具有继承和扩展的特性,它们可以很容易地修改而不会影响任何以前使用这些对象的应用软件。因此,利用面向对象技术可以减少系统维护的难度和费用。

在面向对象思想出现之前,大多数编程语言是基于结构化方法,信息系统的开发模式也是基于结构化的模式。但是,结构化方法有其本身的缺陷。因此,面向对象分析设计方法已经成为构造多数现代信息系统的首选方法。

事实上,在进行信息系统的开发中并不局限于某一种单纯的方法和模式。多种模式综合使用往往会得到最佳效果。例如,在数据库设计中常常采用结构化方法和工具。

面向对象技术我们在后续章节里将有进一步介绍。

第三章　信息系统开发模型及实践

3.1　概述

任何事物都有其产生、发展、成熟、消亡或更新的过程，称为生命周期。信息系统也不例外。信息系统在其使用过程中随着生存环境的变化，需要不断地维护、修改，当它不再适应环境的时候就要被淘汰，就要由新的系统代替老的系统。这种周期循环称为信息系统的生命周期。

信息系统的生命周期可大致分为开发阶段和运行维护阶段。开发阶段的工作是设计并建成一个信息系统；系统建成之后投入运行，在运行过程中随着其生存环境的变化需要不断地进行维护，以延长其使用时间，直到衰变到被新的系统所取代，这一信息系统的生命周期便告结束。取而代之的新系统也将经历同样的生命周期。图 3-1 表示了信息系统的生命周期。

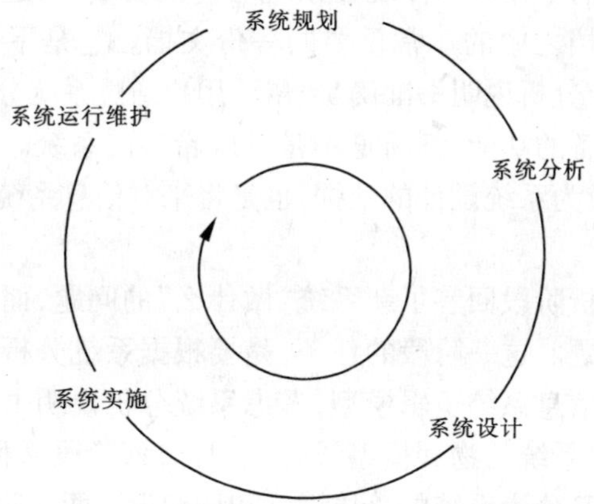

图 3-1　信息系统的生命周期

由图 3-1 可见，信息系统的生命周期由系统规划、系统分析、系统设计、系统实施、系统运行维护五个阶段组成。将信息系统的生命周期划分为若干个阶段是为了对每一个阶段的目的、任务、所采用的技术、应参加的人员、要取得的阶段性成果以及与前后阶段的联系等作深入具体的研究，降低工作难度，也便于对系统的整个开发过程进行管理。

3.1.1 系统规划

系统规划阶段的任务是根据用户提出的开发新系统的请求,对组织的环境、目标、现行系统的状况进行初步调查,根据企业的目标和发展战略,确定信息系统的发展战略,对开发建设新系统的需求作出分析和预测,同时充分考虑新系统所受到的各种约束,研究开发建设新系统的必要性和可能性,并给出拟建系统的几种备选方案,对这些方案进行可行性分析,提出可行性研究报告。可行性研究报告评审通过之后,将新系统的开发建设方案及实施计划编写成系统设计任务书。如果信息系统的开发建设采取合作或委托外包方式,则本阶段还包括招标、评标过程。

3.1.2 系统分析

系统分析阶段的任务是根据系统设计任务书所确定的范围和要求,对现行系统进行详细调查,描述现行系统的业务流程,找出现行系统的局限性和不足之处,并与用户充分讨论协商,确定信息系统的目标和逻辑功能要求,提出信息系统的逻辑模型。因此,该阶段又称为逻辑设计阶段。这是整个信息系统开发建设的关键。

系统分析阶段的工作成果体现在系统分析说明书中,这是信息系统开发建设过程中一系列文档之中的非常重要的一份文档。它是下一个阶段的工作根据。因此,要求系统分析说明书准确、通俗。用户通过系统分析说明书可以了解未来信息系统所具备的功能,判断是不是其所希望的系统。系统分析说明书一旦被讨论通过,就成为系统设计的依据,也是将来对信息系统验收的依据。

3.1.3 系统设计

如果说系统分析阶段回答了新系统“做什么”的问题,而系统设计阶段则要回答“如何做”的问题。这一阶段的任务,是要根据系统分析阶段构造出的独立于任何物理设备的信息系统逻辑模型,考虑系统分析说明书中规定的功能要求和实际条件,进行新系统的物理模型设计。因此,该阶段又称为物理设计阶段。该阶段的工作一般又分为系统的总体设计和详细设计两个阶段。这一阶段产生的技术文档是系统设计说明书。

3.1.4 系统实施

系统实施阶段的任务是将设计出来的信息系统付诸实施。这一阶段的工作主要包括计算机等硬件设备的购置、安装和调试,程序的编写与调试,人员培训,数据文件转换,系统整体调试等。这一阶段的特点是几个相互联系、相互制约的工作同时展开,因而必须精心组织,合理安排工作进程。

系统实施是按实施计划分阶段完成的,每一阶段的工作都应写出实施进度计划，工作完成之后提交相应的报告，如测试分析报告等。在这一阶段要基本完成用户手册和操作手册的编写工作。

系统实施阶段完成之后，已经得到了一个可以运行的新的信息系统。系统转换之后，新的信息系统经过一段时间的试运行，以及进一步的修改、调试和定型，应当对系统整个开发阶段的工作情况和结果进行一些评审验收。评审验收的内容主要是系统的工作质量和经济效益。

3.1.5　系统运行与维护

系统转换完成，评审结束并且通过之后，信息系统便进入了一个正常的、长期的运行与维护阶段，直至被更新的信息系统所替代，于是，另一个信息系统的生命周期开始了。

这一阶段的主要工作就是保证系统日常的正常运行，逐日记录系统运行的情况，根据需求对系统进行必要的维护并履行相应的审批验收手续。

从20世纪50年代计算机在管理领域应用开始，出现了第一次信息系统建设的高潮。最典型的代表是美国某航空公司20世纪60年代建立的SABRE预约订票系统和IBM公司开发的生产状态报告系统。但随后暴露出的众多的问题也使人们认识到系统化的、科学的开发方法在建设一个管理信息系统中起着重要的作用。

下面将介绍在信息系统建设中常用的开发模式。

3.2　瀑布模型

在20世纪60年代和70年代，系统开发项目面临的主要问题是巨大的费用超支和进度延迟。为了解决系统项目开发的复杂性，出现了瀑布模型(Waterfall Model)。瀑布模型要求开发团队在系统开发前首先弄清楚系统要做什么，然后将开发的复杂任务分解成若干阶段和中间产物，从而最终完成整个系统。为了确保每一阶段的完成并提供高质量的产品，每个阶段都有入口、出口和确认标准。这种入口—任务—确认—出口模式是瀑布过程的关键特征。瀑布模型如图3-2所示。

20年的经验证明瀑布模型是很有价值的。许多系统开发者都已经采纳了这个模型。时至今日，瀑布模型仍是信息系统开发中最成熟、应用最广泛的一种工程化方法。在实践中，瀑布模型也被称为生命周期模型、结构化模型或线性顺序模型。

瀑布模型中结构化思想源自结构化程序设计(Structured Programming)。20世纪60年代中期，荷兰埃因霍芬大学的E. W. Dijkstra教授和C. Bohm以及

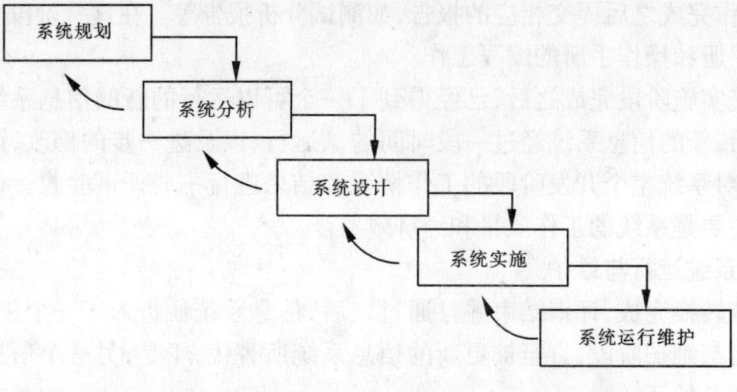

图 3-2 瀑布模型

G. Jacopini先后提出了结构化程序设计的思想。Dijkstra 强调程序的结构化，认为 GO TO 语句是造成程序结构混乱的根源。Bohm 和 Jacopini 在两人共同发表的一篇论文中，认为只要用顺序、判断、循环三种基本的逻辑结构，就能实现任何一个程序。在这一思想的指导下，一个程序的详细执行过程可以按照"自顶向下，逐步求精"的方法确定。"自顶向下"是将程序分解成若干个功能模块，这些模块之间尽可能彼此独立；"逐步求精"是将模块的功能进一步分解成一组子功能，通过对每一个子功能的实现来形成一个完整的程序。这种方法大大提高了程序员的工作效率，增强了程序的可读性和可修改性，改进了程序质量。这种方法使得程序设计的技术性成分高于了艺术性成分。

人们受到结构化程序设计的启发，将其核心——模块化思想引入到系统设计中来，把一个系统设计成层次化的模块结构。这些模块相对独立，完成特定的、相对单一的功能。这就是结构化思想。

瀑布模型严格划分工作阶段，上一阶段的输出成果是下一阶段的输入，相邻两个阶段具有因果关系，紧密相连。为了保证系统开发的正确性，每一阶段的任务完成后都必须对产生的阶段性产品进行评审，确认之后再转入下一阶段的工作。这种阶段之间的衔接就像瀑布一样逐级向下，因此而得名。

在评审过程中如果发现错误和疏漏，应该反馈到前面的有关阶段修正错误，弥补疏漏，然后重复前面的工作，直至该阶段通过评审后再进入下一阶段，因此在图 3-2 中有反向的箭头。图 3-2 中所示的瀑布模型是带有反馈的瀑布模型。

在信息系统开发中使用瀑布模型强调以下几个基本原则：

(1)面向用户的观点。用户的要求是一个系统开发建设的出发点和归宿。信息系统是为用户服务的，最终要交给用户使用，那么系统的成败就取决于用户对其是否满意,它是否符合了用户的要求。因此,必须动员、说服和吸引用户组织中的管理业务人员参与系统的整个开发建设过程,使得系统开发人员与用户密切联系,及时交流信息,充分理解用户的业务活动过程和对管理信息的需求,及时发现并解决问题,保证系统开发的质量。实践证明,用户的参与,尤其是领导的介入,是系统开发能够成功的关键。

(2)严格划分工作阶段,每个阶段有明确的任务和应得的成果。瀑布模型每一阶段都有明确的工作内容,前一阶段的工作成果是后一阶段的工作依据,工作任务要严格按照工作阶段的顺序来安排,以避免开发工作的返工、延期甚至失败。

(3)运用系统的观点和结构化思想。采用自顶向下、逐层分解细化和模块化的思想,便于系统的分析、设计、实施和维护。

(4)工作成果标准化、规范化。信息系统的开发建设是一项内容复杂、耗时较长的系统工程,为了保证工作的连续性,在每一阶段的工作完成之后,要将工作结果按要求形成相应的图表和文档资料。这些资料既是开发过程中开发人员与用户共同完成的成果,又是今后系统维护的重要依据。

瀑布模型出现最早,在实践中有许多成功的例子。但是,在使用瀑布模型过程中有时会遇到如下一些问题:

(1)用户常常难以清楚地在系统开发的初期就给出所有需求,而瀑布模型要求必须明确定义需求之后开始下一阶段的工作,它不允许在开始阶段存在不确定性。

(2)利用瀑布模型进行系统的开发时,可以运行的系统一直要到项目开发后期才能看到,用户必须要耐心等待。

(3)瀑布模型的迭代是有限的,而且是间接的。大的错误如果直到系统运行时才被发现,则其后果可能是灾难性的。在实际项目中会造成人力资源的浪费。

(4)瀑布项目的线性特征可能会导致阻塞状态,某些项目组成员不得不等待组内其他成员先完成某些前期任务后,才能开始工作。

因此,瀑布模型适合那些系统需求非常明确、设计方案确定以及所有阶段都有比较大的把握的系统开发项目。

3.3　原型法模型

瀑布模型中的第一步是收集和分析顾客需求,只有定义了需求之后,才能开展下一步的工作。而且瀑布模型一旦确定了需求,就不能更改或只能进行少量的更改。如果一个信息系统的需求和功能是确定了的,则使用瀑布模型非常合适。然而在实际中，从系统需求说明到产品开发完成的这一段时间里，用户的需求常常会有较大的改变，瀑布模型不能很好地解决需求修改所导致的问题。为了解决这一问题，出现了原型法模型(Prototyping Model)。

所谓原型(Prototype)，即系统的工作模型。原型法将系统调查、分析、设计、实施等融为一体，在得到一组基本的需求之后，立即建立一个能够反映用户需求的初始系统原型，让用户看到未来系统的概貌，以便判断哪些功能是符合要求的、哪些方面还需要改进。它强调一个"快"字，即尽快实现一个系统的雏形，然后随着双方对系统理解程度的逐步加深，再不断地对这些需求作进一步的补充、细化和修改，依此类推，反复进行，直到用户满意为止。

如图 3-3 所示，原型法通常包括下列步骤：

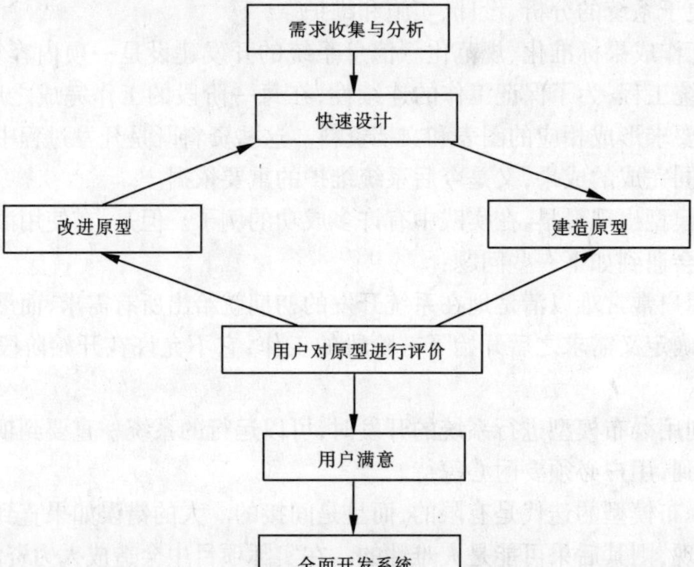

图 3-3　原型法

(1)需求收集与分析；

(2)快速设计；

(3)建造原型；

(4)用户对原型进行评价；

(5)改进原型；

(6)如果用户对原型不满意，返回步骤(2)；

(7)如果用户满意，则开始全面开发系统。

原型法的基本原理是：系统开发人员在初步了解用户需求的基础上，迅速构建出一个初始系统模型，即原型。这个原型是一个可以实际运行的系统应用模型。用户和开发人员在此原型的基础上共同探讨、改善和完善设计方案，开发人员根据改进后的方案对原型进行修改，再去征求用户意见，反复多次直至取得满意的结果为止。

原型法与人们对事物的认识过程是一致的。原型法的优势主要体现在：

(1)原型法可以使系统开发的周期缩短、成本降低、速度加快，获得较高的综合开发效益。

(2)原型法是以用户为中心来开发系统的，用户参与的程度大大提高，开发的系统符合用户的需求，因而增加了用户的满意度，提高了系统开发的成功率。

(3)由于用户参与了系统开发的全过程，对系统的功能和结构容易理解和接受，使得系统的移交工作比较顺利地完成，而且有利于日后系统的运行与维护。

使用原型法的主要困难在于：

(1)系统的开发缺乏统一的规划和开发标准，难以对系统的开发过程进行控制；

(2)如何确定用户的满意程度，如何控制对系统原型的修改次数等，是较难协调的问题；

(3)原型法对系统开发的环境要求也比瀑布模型高，比如开发人员和用户的素质、系统开发工具、硬软件设备等，都会对原型法的开发效果产生重要的影响。

原型法的特点是快速。开发人员应该尽可能快地建造出原型系统，以加速系统开发过程，节约开发成本。原型的用途是获知用户的真正需求，一旦需求确定了，原型将被抛弃。因此，原型的内部结构并不重要，重要的是，必须迅速地构造原型，然后根据用户意见迅速地修改原型。

3.4　螺旋模型

信息系统的开发存在着很大的风险，例如，系统交付给客户之后用户可能不满意、到了预定的交付日期系统可能还没有开发出来、开发成本可能超过预算成本、技术人员流动性大等。而且，系统规模越大、越复杂，存在的风险也越大。风险会在不同程度上损害系统开发过程和产品质量。因此，在系统开发过程中必须能够及时识别和分析风险并采取适当的措施来消除或降低风险带来的危害。由 Boehm 在 1988 年建立的软件开发和增强的螺旋模型，以瀑布模型和原型模型应用于大型项目的改进经验为基础，充分考虑了风险分析与风险控制，在一些系统开发中得到很好的应用，例如，TRW Soft Productivity System。

图 3-4 所示是 Boehm 提出的螺旋模型(Spiral Model)。它由四个部分组成：

(1)制定计划；
(2)风险分析；
(3)实施工程；
(4)客户评估。

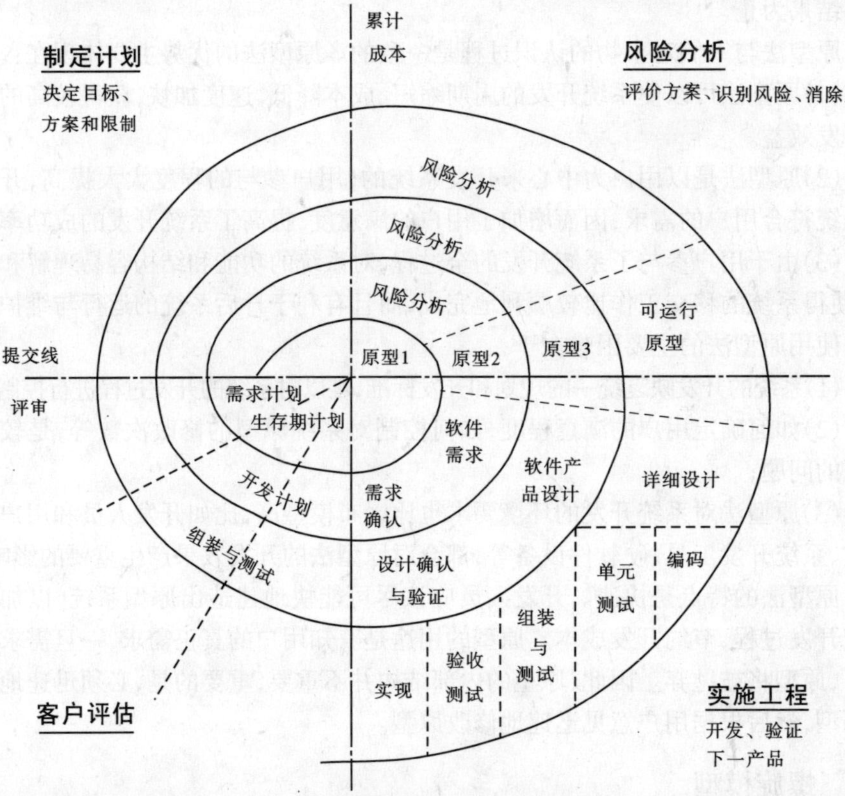

图 3-4 Boehm 提出的螺旋模型

螺旋模型是由上述四个部分组成的迭代模型。每迭代一次，螺旋线就增加一周，系统开发就前进一个层次，系统又生成一个新版本，而系统开发的时间和成本又有了新的投入。在图 3-4 中，点划线的长度代表当前累计的开发费用，而螺旋线的角度代表当前的开发进度，螺旋线的每个周期对应于一个开发阶段。每次循环都是从左上象限开始，其任务，第一步是确定该阶段的目标，并为完成这些目标选择方案以及这些方案的约束条件。第二步是进行风险分析，努力排除各种潜在的风险，排除风险的常用的方法是建造原型。如果风险不能排除，则缩小项目规模或者停止开发工作；如果成功地排除了所有风险，则进行下一个工作步骤。第三步相当于瀑布模型的过程。第四步是评价该阶段的工作成果并计划下一阶段的工作。从中我们可以看出,风险分析和风险驱动是螺旋模型的关键特征。而瀑布模型中用的是文档驱动法。

螺旋模型有很多优点:

(1)综合了其他模型的良好特性并加强了很好的风险规避,这是一个根本性的优点;

(2)强调已有的软件的重用;

(3)把系统质量目标合并到系统开发中去;

(4)在螺旋模型中系统维护只是模型的另一个周期,在系统开发和系统维护之间没有本质的区别。

螺旋模型的主要优势在于它是风险驱动的,但是这也带来了它的主要的弱点:

(1)如果开发人员缺乏风险评估经验和风险管理特长,可能会导致项目的严重失败,并且是在已经投资了大量资源之后才发现失败;

(2)螺旋模型描述了一个灵活的、动态的过程模型,有经验的开发者能够利用它的全部优点,然而,对于非专家来说,尤其是对大规模项目,需要对螺旋步骤进行仔细的探讨,以达到一致性和控制性。

3.5 面向对象模型

20世纪80年代引入的面向对象的程序设计方法(Object－Oriented Programming,OOP),代表了在软件开发中的一个重大方法的改变。与传统编程将数据与控制分离不同,在面向对象的编程中,将某一数据集合及可以在那些数据上进行操作的集合定义为一个对象。面向对象的方法和结构化方法一样,成为软件工程中的重要基石。

面向对象模型的出发点和基本原则,是尽可能模仿人类思维的习惯的思维方式,使系统开发的方法与过程尽可能接近人类认识世界、解决问题的方法与过程,也就是使描述问题的问题域与解决算法的求解域在结构上尽可能一致。

客观世界是由实体以及实体之间的关系组成的。我们把客观世界中的实体抽象为问题域中的对象(Object)。对象是不固定的,依赖于问题的特殊性。例如,一个员工可以作为一个对象,一家公司也可以作为一个对象,到底把什么抽象为对象,由所要解决的问题而定。

面向对象模型建立在以下基础之上:

(1)认为客观世界是由各种对象组成的,任何事物都是对象,复杂的对象可以由比较简单的对象以某种方式组合而成。因此,面向对象的系统是由对象组成的,系统中的任何元素都是对象,复杂的系统对象由比较简单的对象组合而成。由此可见,面向对象方法用对象分解取代了传统方法的功能分解。

(2)把所有的对象都划分成各种对象类,简称类(Class),每个对象类都定义了一组数据和一种方法。数据用于表示对象的静态属性,是对象的状态信息。方法是允许施加于该类对象上的操作,是该类所有对象共享的,并不需要为每个对象都复制操作的代码。

(3)按照子类与父类的关系,把若干个对象类组成一个层次结构的系统,被称为类等级。下层的子类具有和上层的父类相同的特性,包括数据和方法,这种现象被称为"继承"(Inheritance)。

(4)对象彼此之间仅能通过传递消息(Message)进行联系。对象与传统的数据有本质区别,它不是被动地等待外界对它施加操作,相反,对象是进行处理的主体,必须发送消息请求它执行它的某个操作,处理其私有数据,而不能从外界直接对其私有数据进行操作。这种性质被称为对象的"封装性"(Encapsulation)。

使用面向对象的方法开发系统的过程模型如图 3-5 所示。该模型又被称为"喷泉"模型。

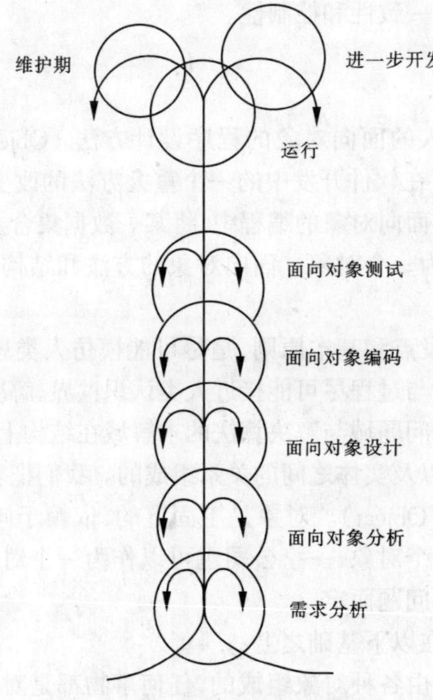

图 3-5 "喷泉"模型

"喷泉"模型很好地反映了面向对象开发过程的"无缝"和"迭代"的特性。面向对象方法在概念和表示方法上的一致性，保证了在各项开发活动之间可以进行无缝过渡，而图中不同阶段的圆圈相互重叠，表明两个活动之间存在迭代。事实上，在用面向对象方法进行系统开发时，在系统分析、设计和编码实现等阶段之间并不存在明显的分界。图中向下的箭头代表该阶段内的重复。图中用比较小的圆圈代表维护，因为采用了面向对象模型之后维护时间缩短了。

3.6　系统开发实践

3.6.1　基于 Internet 的信息资源的共享

利用 Internet 更好地开发信息资源，实现信息资源在更广泛的范围内的共享，使得基于 Internet 环境的信息系统的设计开发成为信息系统建设发展的重要方向。如何适应这种变化并提出一种切实可行的方法实现信息资源在 Internet 环境下的资源共享，是信息系统所面临的实际问题。

3.6.1.1　客户/服务器结构与浏览器/服务器结构

20 世纪 80 年代中期，数据库应用开始转向客户/服务器(Client/Server, C/S)结构，它按照各自实现功能的不同，将应用程序分为两大部分：一部分使用于处理数据库，称为服务器部分，服务器部分执行后台服务，如管理共享外设、控制对共享数据库的操纵、接受并应答客户机的请求等；另一部分负责执行前台功能，用于处理应用程序、请求服务，这部分称为客户部分。这种体系结构将一个应用系统分成两大部分，由多台计算机分别执行，使其有机地结合在一起，协同完成整个系统的应用。

图 3-6 表示了 C/S 结构的工作过程：用户通过应用程序向客户机提出数据要求，客户机通过网络将用户的数据要求提交给服务器，服务器的数据库管理系统执行数据处理任务，然后把经过处理后的用户需要的那部分数据，而不是整个文件，传输到客户机上，最后由客户机完成对其所需数据的加工。

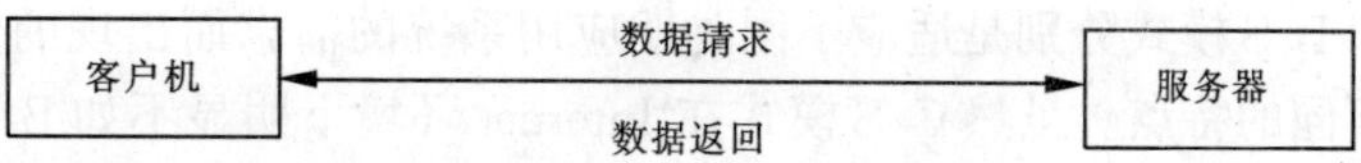

图 3-6　C/S 二层结构示意图

浏览器/服务器(Browser/Server, B/S)是一种由传统的二层 C/S 结构发展而来的三层结构在 Web 上的应用。B/S 体系结构是把原来在客户机一侧的应用程序模块与显示功能分开，将它放到 Web 服务器上单独组成一层，客户机上只需装单一的浏览器,从而减轻了客户机的压力,克服了 C/S 二层结构负荷不均的弊端。B/S 系统的三层结构分别具有不同的作用。

1)表示层:Web 浏览器

表示层是应用的用户接口部分,是用户与系统之间交互信息的界面。它的主要功能是检查用户输入的数据,显示系统输出的数据。它的任务是由 Web 浏览器向网络上的某一 Web 服务器提出服务请求,Web 服务器对用户身份进行验证后用 HTTP 协议把所需的文件资料传送给客户端,客户机接受传来的文件资料,并把它显示在 Web 浏览器上。

2)功能层:具有应用程序扩展功能的 Web 服务器

功能层是应用的主体,位于 Web 服务器端。它包括了应用中全部的业务处理程序。换句话说,除了输入/输出功能在表示层、数据库在数据层以外,全部的统计、汇总、分析、打印功能全部存放在功能层。它的任务是接受用户的请求,首先需要执行相应的扩展应用程序与数据库进行连接,通过 SQL(Structured Query Language)等方式向数据库服务器提出数据库处理申请,尔后,等数据库服务器将数据处理的结果提交给 Web 服务器,再由 Web 服务器传送回客户端。

3)数据层:数据库服务器

数据层就是数据库管理系统,负责管理对数据库数据的读写,位于数据库服务器端。它的任务是接受 Web 服务器对数据库操纵的请求,实现对数据库查询、修改、更新等功能,把运行结果提交给 Web 服务器。B/S 三层结构如图 3-7 所示。

图 3-7　B/S 三层结构示意图

3.6.1.2　C/S 与 B/S 两种结构的比较

C/S 和 B/S 模式分别是适应不同时期应用系统的需求而出现的体系结构,两者具有不同的特点。虽然 C/S 模式在 Internet 环境下明显不如 B/S 模式,但它在特定的环境下仍具有优势。特别是在小规模的、用户较少(小于 100 户)、单一数据库且有安全性和快速性保障的局域网环境中,应用 C/S 结构比较适合。然而随着信息系统结构的复杂和规模的日益扩大,两层 C/S 结构成功的背后也逐渐暴露出其构架上的缺陷。

作为一种瘦客户机模式,B/S 客户端软件仅需安装浏览器,应用界面单一,硬件配置要求较低,可由相对廉价的网络计算机替代。客户端浏览器的界面风格单一,利于提高效率。这种以服务器为中心的管理极大地降低了成本,减少了客户端维护工作的负担。同时利于管理人员、开发人员将精力集中在合理组织信息系统的结构、更好地为各项业务提供技术支持上来。而且,无须开发客户端软件,浏览器软件可从网上免费下载、免费升级。B/S 的开放性,可使已有的软硬件得到良好的保护,从原有系统平滑地升级到 Internet。

3.6.1.3 几种基于 B/S 模式的 Internet 的信息资源共享技术

从最初的 CGI、API 技术,到后来居上的 JDBC 和 ASP 技术以及将分布式对象技术用在 Web 中的对象 Web 技术,每个新技术的产生,都从某个方面对现已存在的技术进行改进和完善,使得人们在采用新技术时更方便、更实用、更安全。因此,深入而充分地理解各种技术特点,对于我们选取最适合的技术进行 Web 与数据库集成系统的开发具有深远的意义。

目前,广泛采用的数据库接口技术主要有以下四种。

1)CGI 技术

CGI 即公共网关接口,是 HTML 文件与 Web 服务器之间的接口程序。它的主要作用是负责处理 HTML 文件与运行在 Web 服务器中的程序之间的接口,能直接调用外部程序或脚本代码访问数据库,提供与数据库相关的动态 HTML 文档。

CGI 在数据库与 Web 连接中具有多平台、多用户的特点,是基于服务器开发的服务器方编程,移植性强。它是 Web 上交互操作的根源,在交互操作中占支配地位。但也应该看到,CGI 连接方式存在着以下明显的缺陷:

(1)开发这种外部过程程序不容易,其接口过于复杂;

(2)由于进行 HTML 和 SQL 格式转换开销较大,很容易导致 Web 服务器成为“瓶颈”;

(3)接口程序的重用率不高;

(4)通过 CGI 接口,Web 浏览器和数据库服务器的交互性能特别差;

(5)调用 CGI 应用程序越频繁,占用时间越多。

2)SAPI(Server Application Programming Interface)技术

SAPI 应用程序实际上是服务器应用程序的扩展,在基于 Windows 和 Web 服务器上,SAPI 应用程序被做成 DLL 直接由 Web 服务器调用。这使 SAPI 应用程序成为 Web 服务器应用程序的一部分。SAPI 存在的缺点是:

(1)SAPI 应用程序不可移植;

(2)一个不稳定的 SAPI 会破坏 Web 服务器系统;

(3)SAPI 是依赖于语言的(主要适合于 Java,而不是 VB)。

3)ASP 技术

ASP 即动态服务器页面,内含于 IIS 当中,提供一个服务器端的 Scripting 环境,产生和执行动态、交互式、高效率的站点服务器的应用程序,并使 IIS 自动将 ASP 的程序码解释为标准 HTML 格式的内容,送到用户端的浏览器上显示出来。用户端只要使用常规的能执行 HTML 码的浏览器,即可浏览 ASP 所设计的主页内容。ASP 具有以下特点:

(1)集成于 HTML 中,易于生成;

(2)与浏览器无关,用户端只要使用常规的可执行 HTML 码的浏览器(如 IE,NC),即可浏览 ASP 所设计的主页内容;

(3)可通过 ActiveX Server Components 来扩充功能,可使用 VB、Java、VC 等语言来实现;

(4)ASP 在服务器端执行,因此源程序代码不会传到用户的浏览器,这样可以保护源程序,使其不致外泄。

用 ASP 可以快速地开发出 Web 数据库应用程序,是建立 B/S 系统的快捷有效的途径。但 ASP 方式的缺点是效率较低。

4)JDBC(Java Database Connectivity)技术

JDBC 技术与上述几种技术有很大的不同,它是由 Web 浏览器将嵌入 HTML 文档的Java Applet 直接下载到客户机运行,即数据库服务器通信由 Web 浏览器直接完成。JDBC 是基于 Java 语言与数据库的接口,由于 Java 语言具有面向对象、分布式、安全、可移植、高性能、多线程、便于使用等优点,被认为是最有前途的接口技术。但 JDBC 存在的问题是开销大、速度慢。

随着网络技术和计算机技术的发展,B/S 结构已经逐步取代传统的 C/S 技术,成为具有高度可扩展性的应用体系结构。B/S 结构开发技术不仅能解决以上问题,而且具有灵活的二次开发平台,可收缩、扩展、实现全程事务处理和远程实时任务。它广泛应用于电子商场、网上书店、网上图书馆、远程教学等,是解决基于 Internet 的信息资源共享的必然选择。

3.6.2 基于 Intranet 的图书馆集成管理系统

3.6.2.1 图书馆集成管理系统的发展

图书馆自动化集成系统最早出现于 20 世纪 60 年代后期,当时有人提出研制一个"带有图书馆各个子系统的总体系统"的设想,但由于当时技术的限制未能实现。70 年代初,MARC(Machine Readable Catalogue,机读目录)通信格式在图书馆的推广应用使书目数据格式标准化,建立大型书目数据库和共享数据库资源成为现实。而且,计算机网络技术也走向实用阶段,提供图书馆目录信息的大型数据库网络建立起来了,一些可以用标准格式联机存取的系统开始出现,使得图书馆自动化系统迅速地由单功能系统走向多功能,真正的图书馆自动化集成系统出现了。1982 年 10 月,美国研究图书馆协会将“图书馆集成系统”定义为:由一个共同的数据库以及其他为实现图书馆自动化而需要的和相互关联的各个功能模块组成的系统。

世界上第一个图书馆计算机系统是 1954 年美国海军兵器中心(NOTS)建立的。当时使用 IBM 710 型计算机,可以实现单元词组配检索,输出的仅仅是文献号码。1958 年,美国通用电子公司对 NOTS 的系统进行改进,使用了 IBM704 型计算机,输出的检索结果增加为文献、题录和著者等。

总的来看,图书情报工作使用计算机进行管理在 20 世纪大体经历了如下三个阶段:

(1)60 年代初的试验系统阶段。北美和英、日等图书馆在此阶段开始利用计算机协助处理图书情报工作。

(2)60 年代的基层系统阶段。如美国俄亥俄州立大学自己研制计算机编目系统,加州大学伯克利分校自己开发计算机流通系统,英国纽卡斯大学研制的图书馆采购系统,等等。

(3)70 年代的协作系统阶段。70 年代形成了许多图书馆计算机化的协作中心和网络。如美国联机计算机图书馆中心(OCLC)网、研究图书馆协会的 RLIN 网。后者除了联机编目外,还拥有流通查询系统、采购系统和期刊管理系统,这些系统相互配合可形成一个图书馆集成管理系统。

3.6.2.2　从 MARC 格式到数据库技术

传统的图书馆集成管理系统是以 MARC 格式为基础的。在我国,前几年开发的图书馆管理系统基本上都是基于 CNMARC 格式。MARC 格式建立的是文件管理系统的形式,在当时,文件系统能够初步解决数据管理问题。但是,也正是文件管理的原因使基于 MARC 格式的图书馆信息管理系统存在以下一些自身无法逾越的缺陷:

(1)文件只能表示事物,而不能表示事物之间的联系。文件的数据结构一旦定义便不可改变。

(2)数据的保护只能以文件为单位。

(3)程序和数据之间产生数据依赖性,因而是一种以程序为中心的数据管理方式,缺乏数据共享的能力。

(4)不能很好地同 Internet 相结合起来,同 Internet 的连接必须经过复杂的数据转换工作,从而加大了程序开发的难度,影响了图书信息的共享化进程。

(5)MARC格式属于图书馆的专业知识,它复杂的字段格式设置不但加大了程序开发人员的难度,而且也增加了图书管理人员的应用难度,加大了系统出错的可能性。

数据库技术正是在这些问题上与之不同。数据库方式是在文件系统的基础上发展起来的、但与之有很大区别的技术。数据库克服了文件系统的弱点,提供一种高层次上的数据管理技术,以实现对数据的统一的、独立的管理,使数据的存储和维护不受任何用户的影响。数据库方式的根本目的在于提高数据的共享能力和应用程序生产率。1968年IBM公司首先研制成功IMS系统,并推向软件市场。这是最早的,也是具有代表性意义的数据库系统。

与文件系统相比,数据库技术提供了强有力的数据管理能力。人们之所以热衷于数据库技术的研究和应用,主要是因为它具有许多独特的优越性。这些优越性表现在如下几方面。

(1)数据集中控制。这是相对于文件管理技术而言的。文件完全出于一种分散状态,造成管理上的困难和处理上的不方便。数据库的集中控制具有明显的数据管理优越性:①压缩了数据的冗余度;②可以在一定程度上避免数据不一致性的发生;③可以实施标准化。随着信息处理自动化和信息的广泛利用,标准化问题显得愈来愈重要。标准化简单地说,就是建立"共同语言"。

(2)数据共享。数据库如果没有共享性质就将失去存在的意义和先进性。数据集中存储和管理的目的,就是为了为多种用户的多个应用方便地提供使用数据。所谓共享,有四方面的内容:①当前所有用户可以同时存取同一数据库;②未来出现的用户与当前用户可以同时存取同一数据库;③用户可以通过多种不同程序设计语言编写的程序或命令调用同一数据库;④每一个用户可以以任意方式交叉或重叠存取数据库的某些部分,乃至于同一组数据。

(3)数据保护特征。一个数据库是否实用,其安全可靠是首要问题。

(4)数据独立性。数据独立性和前面提到的数据依赖性都是程序和数据之间的关系的性质,统称为数据相关性。所谓数据独立性即是数据与程序之间的无关性。与文件系统相反,数据库系统保证数据的独立存储和维护,使得数据和程序中的一方发生变动时不影响另一方。

3.6.2.3　基于Intranet的图书馆集成管理系统的设计

根据某单位图书馆的实际工作,其图书馆集成管理系统分为六个功能模块,如图3-8所示。

这里只给出编目子系统的详细设计。

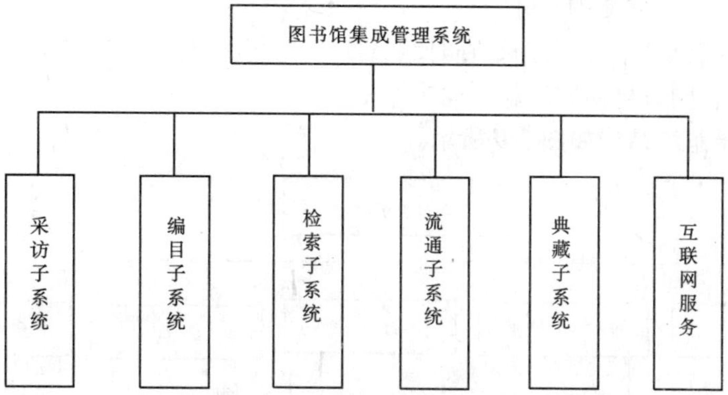

图 3-8　系统功能划分

编目工作包括以下内容。

1)数据加工

数据加工包括数据的生成和数据的加工。图书馆的数据产生来源通常有三种:一种是从采访继承过来,称之为采访数据;一种是从套录库里取出来,称为读套录源;另一种是自己录入全部图书信息,称为录数据。从采访取过来的数据和从套录库取出来的数据都要进行再加工才能成为适合本馆的编目数据,这个数据产生和再加工的过程称为编目数据加工。

本系统主要适用于中小型图书馆,故数据来源主要采取采访数据和录数据两种方式。

2)数据校验

数据校验包括删除重复记录、检错、馆藏号查错、索书号查重和检查重要字段等几个步骤。编目数据是图书馆集成系统的基础,数据的质量最为重要。在数据加工过程中,难免会发生很多这样或那样的错误,为了尽可能减少错误,本系统设置了自动查错和手工查错两种方式:

(1)自动查错包括自动查错 (依据 ISBN 号、登录号)、自动查重(依据 ISBN 号、登录号、分类号 + 著者码)、删除空录等。

(2)手工查错可以根据工作人员设置,检查重要字段。

3)日常业务处理

日常业务处理包括打印卡片、打印标签、打印财产报表、清单输出、统计、年、季、月统计报表输出等,可以分为业务打印和业务统计两项。

(1)打印主要是打印卡片、新书通报、财产报表、标签等。

(2)统计根据中国图书分类法统计,分年报表、半年报表、季报表、月报表等。

4)入库和自动更新索引

入库和自动更新索引指把临时编目库中的书目数据加入图书中央库中，自动更新索引，同时自动加入新书通报库中。

编目子系统结构如图 3-9 所示。

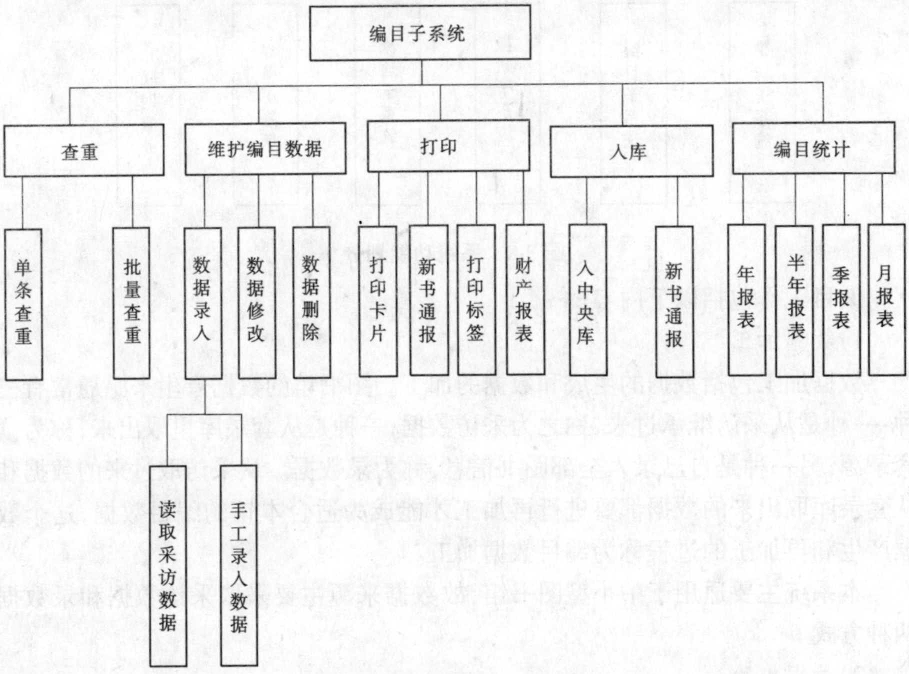

图 3-9　编目子系统结构图

3.6.2.4　基于 Intranet 的图书馆集成管理系统的实现

1)系统模式

本系统采用目前广泛使用的 Browse/Server 模式。B/S 模式是在 Internet/Intranet 中传统的 C/S 技术与 Web 技术的结合。

每当一个用户需要服务时，用鼠标点击浏览器端显示的 Web 页面，向服务器提交服务请求，服务器端负责对请求进行处理，并将处理结果通过网络送回浏览器端。在实际应用中，数据库服务器是最基本的一种服务器类型。其工作过程是：客户机使用一条 SQL 命令将服务请求发送到数据库服务器，这些请求包括对数据库的查询、修改、插入等。数据库服务器将每一条 SQL 命令的执行结果返回给浏览器端。在这个过程中，浏览器和数据库服务器之间只需传送服务请求命令与命令执行结果，而不需要传送任何数据库文件，这样可以减小网络负荷，提高网络的工作效率。B/S 工作模式如图 3-10 所示。

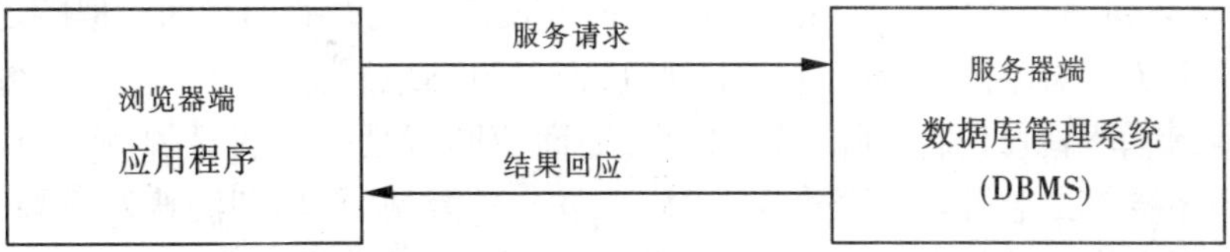

图 3-10　B/S 工作模式

2)前端开发工具

本系统使用 Delphi 作为前端的开发语言。Delphi 是美国 Borland 公司(现已更名为 Inprise 公司)推出的功能强大的应用程序开发工具。Delphi 是可视化应用程序开发环境、可重用性面向对象编程语言、快速编译器和数据库技术的完美结合。它具有功能强大、运行速度快、易于学习和实用以及开发迅速等特点。

3)网络服务器

本系统采用 Microsoft Windows NT 作为网络服务器系统平台。Windows NT 是新一代的网络操作系统，它具有良好的图形界面，支持多任务机制。它支持 TCP/IP 协议，既有支持局域网的能力又有胜任较大型网络的管理功能。尤其是新版的 Windows NT 2000 Server 增加了支持活动目录功能，实现了文件级别的加密。Windows NT 2000 Server 可承担多个角色的任务，如文件服务器、打印服务器、数据库服务器、Web 服务器、应用程序服务器、电子邮件服务器、网络和通信服务器以及基础结构服务器等。

4)数据库管理系统

本系统使用 Microsoft SQL Server 作为后台数据库管理系统。Microsoft SQL Server 是一种基于 C/S 的关系型数据库管理系统，它通常使用 Transact－SQL 语句在服务器和客户机之间传送请求。Microsoft SQL Server 与 Windows NT 是完全集成的，并且利用了 NT 的许多功能。SQL Server 与 NT 的系统安全性集成，支持多协议，可作为 NT 的服务，只要安装了 IIS 就可以与 Internet 连接以实现图书信息的资源共享。

3.6.3　商业总经理信息系统(BEIS)的设计

3.6.3.1　EIS 的产生背景

目前，社会主义市场经济已经逐步形成，商业作为经济领域最活跃的部分，也正在经受着空前的改革冲击。在计划经济时代，我国的消费品处于短缺状态，商业领域的行为完全由政府性的供给和分配制所控制，从一定意义上可以这样认为，计划经济时代没有商业。

随着改革开放的深入和市场经济体制的形成，商品流通领域产生了较高的利润，高额利润使众多商家一哄而上，一时间出现全民办商的局面。但随之也产生了严重的后果，特别是在 1995 年以后，可以明显地感觉到商业企业的数量严重过剩，竞争剧烈，利润下降。郑州市二七商业圈就是一个明显的例子，众多大型商场围绕着二七塔紧紧聚集在一起，竞争非常激烈，平均利润普遍下降，有些商场甚至面临倒闭。与此同时，我国严格控制外资进入零售业的政策也开始放开，许多著名跨国商业公司携巨额资金和先进的管理方式声势浩大地进入中国。这给国内的商业管理者带来了观念上的冲击，认识到学习国外先进经验、充分利用一切资源、减少决策失误、提高企业管理水平是企业发展的根本。这些大型商业企业迫切需要一套既有先进的管理思想，又符合中国国情的信息系统来帮助高层经理进行决策，提高企业经济效益，这就是大型商业企业总经理信息系统(Business Executive Information System，BEIS)。

不同的人对 EIS 有不同的定义。有些人认为 EIS 是为满足高层管理者的需要而设计的不需中介人介入的计算机系统，也有人认为 EIS 是一个能满足组织高层管理者的使用要求和管理决策信息需求的计算机系统。尽管定义不同，我们还是可以认为 EIS 具有一些基本特征：

(1)需要大量的、企业内部的和外部的数据支持；

(2)具备很强的分析能力；

(3)能过滤、分析和跟踪最关键的数据；

(4)界面友好，无需培训或只需简单培训就可以使用；

(5)能为总经理的决策提供有力支持；

(6)总经理无需中介人就可以自己操作；

(7)符合总经理的工作习惯和个性。

商业信息系统的发展起步于 19 世纪末。1884 年，美国的帕特森首先发明了第一台机械式收款机，用于计算商场的销售额，商场管理者借以分析销售情况、考核每位员工的工作业绩、为员工录用和提拔提供决策参考。随着计算机技术的不断发展和功能的不断强大，20 世纪 70 年代以后，综合性的管理信息系统开始在商业企业中建立。这些商业 MIS 一般包括：电子订货系统、销售点系统、电子数据交换系统、多媒体商情系统等。商业 MIS 系统的应用，为 EIS 的建立提供了可能性。国际上 EIS 的概念是在 20 世纪 70 年代初被提了出来的，但由于当时对模型库的认识不足，直到 80 年代 EIS 才得到迅速发展。在美国，大型商业企业大都建立了 EIS。

在我国，信息技术在商业中的应用开始于 20 世纪 90 年代。从我国目前的情况来看，大多数信息技术在商业中的应用停留在 MIS 的事务处理阶段，应用层次还比较低。另外，由于 EIS 系统还要涉及到较多的人文因素和心理因素，国内外在这方面存在着较大的差异，因此还不能盲目引进、照搬国外的 EIS 系统。对 EIS 的研制开发应该借鉴西方比较成熟的技术，并立足于我国国情，通过大量细致的调查研究来确定系统的构成和功能。

3.6.3.2　EIS 与 MIS 的关系

商场总经理信息系统与商场管理信息系统之间是相互联系又相互区别的。EIS 需要 MIS 提供的基础数据，但两者之间存在着相当大的差异。EIS 主要考虑总经理作为决策者的角色，在适当的时候给总经理以提示，给总经理的决策提供参考；MIS 则使商业的进货、销售、库存等基本业务使用计算机进行管理，以提高工作效率，加快物流和资金流动速度。EIS 所面临的问题比较复杂，难以寻找规律性的解法，属于非结构化问题或半结构化问题；MIS 处理的问题一般具有规律的解决方法，属于结构化问题。我们还可以通过表 3-1 对 EIS 和 MIS 的特性进一步进行比较。

表 3-1　EIS 和 MIS 的特性比较

特性	EIS	MIS
服务对象	商场总经理	业务部门负责人
处理问题	状态访问、决策参考	流通管理、数据处理
决策能力	以自然语言提供决策参考和有关提示	对业务问题提供标准化操作，为决策提供基础数据
界面	必须具有友好界面	希望具有友好界面

3.6.3.3　BEIS 需求分析

商场总经理工作内容广泛，与一般的工作岗位有很大差别。根据 Mintzberg 理论认为，总经理被授予正式权力达到一定的地位，具有多种人际关系，使之能够得到信息，进而进行决策和制定战略。从人际关系角色来看，总经理代表着企业形象，作为企业的领导，是企业对内和对外的联系人；从信息角色来看，总经理既是信息的监听者，也是信息的发言人和传播者；从决策角色来看，总经理作为企业的神经中枢，要负责企业的创业、处理各种冲突、对资源进行分配、代表组织进行谈判等。

面对激烈的商业竞争，总经理每天都面临着许多新的决策问题，这些问题如果处理不当，就会给商场的经营带来沉重的打击。因此，决策是商场总经理最重要的工作。总经理的决策内容，除了要考虑公司发展的战略规划之外，还必须参与进货、销售等经营问题的决策。

考虑上述总经理的需求，为了满足总经理对信息掌握和决策参考的需要，EIS的主要功能应该包括数据查询分析、辅助决策支持和系统管理三大基本模块。

1)数据查询分析功能

通过数据查询分析功能，总经理可以随时查询业务情况，了解最新的业务数据，也可以快速地获得对企业的发展有影响的外部数据。但是，为了防止总经理淹没在信息的海洋中而不分重点，提供给总经理的数据应该是经过汇总和提炼的，如果需要，可以进一步逐级展开。这些数据分为企业内部数据和企业外部数据。企业内部数据包括企业规划、进货信息、销售信息、库存信息、财务信息、人事信息等；企业外部数据包括国内外经济发展动态、有关法规和政策、行业信息、相关行业信息、客户信息、供应商信息等。

2)辅助决策支持功能

辅助决策支持是为总经理的决策活动提供辅助参考，最终的决策方案还是要由人来决定。需要总经理进行决策的问题很多，这里，基于与商场现有 MIS 的无缝链接，我们把总经理的决策问题分为四类：预测性问题；相关性、分析性问题；规划性问题；其他决策问题。详细的决策项目包括战略规划决策、投资风险决策、商品结构决策、定价及销售决策、财务指标预测等。

3)系统管理功能

总经理信息系统必须具有良好的人机界面，并且符合总经理的个性需求。EIS的系统管理除了具有一般系统管理功能之外，还应该能够对人机界面进行调整、对决策项进行调整。特别是针对辅助决策支持功能，系统管理应该具备模型库和方法库的调整与管理功能。

EIS的功能结构如图 3-11 所示。

3.6.3.4　EIS的关键技术

1)模型库和方法库的建立

在 EIS设计中，模型库和方法库及其管理系统是重点和难点。根据对辅助决策功能的分析，模型库由四部分组成：预测模型；相关性分析模型；规划决策模型；风险决策模型。对模型库建立模型的索引和模型之间的交叉连接，以便用户根据自己的需要来增加、修改、删除和查询模型。用户也可以根据自己的应用水平和熟练程度来决定是否组建自己的模型库。另外，组建“常用模型库”用来存

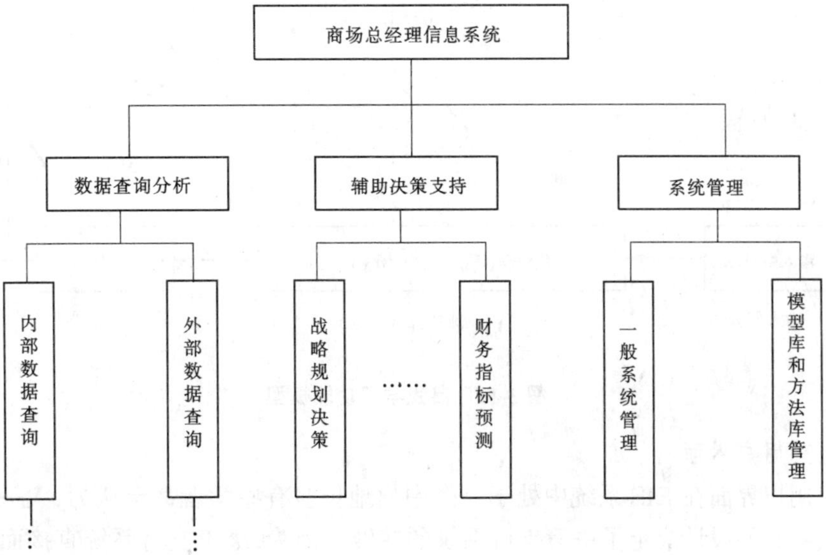

图 3-11　EIS 的功能结构

放那些已经证明是有效的预测和决策方法，对于典型的、具有普遍意义的商场决策问题做成"黑匣预测模型"，用户无须了解其内部结构，可以直接拿来使用。

模型库包括了模型字典库和对应的模型文件库。模型字典库中包括若干模型，每个模型在字典中占有一个记录。该记录所包含的数据项有模型名、模型索引号、执行程序名、输入/输出参数、模型描述等。所有模型的模型文件分别存入不同的模型文件库中。模型字典库和模型文件库根据模型索引号实现交叉连接。

2）自我学习

随着时间和条件的变化，原有的模型和方法可能会与实际情况有所差异。这就要求模型方法库应该具有自适应性、自组织性和自我学习功能。

根据神经网络的研究成果，Rosenblatt 提出了具有学习功能的感知机模型，如图 3-12 所示。

该模型分为三个部分。其中，输入部分接收外界的输入数据 X，在训练部经权值参数 $W=(W_1, W_2, \cdots, W_N)$ 的调整，在输出部分产生输出数据 Y。同时，系统的输出 Y 还要与系统的期望值进行对比分析，作为系统的反馈输入，对系统进行调整。

在模型方法库中，参数作为期望值输入，通过对参数的调整，使系统具有自我调整、自我学习的功能。

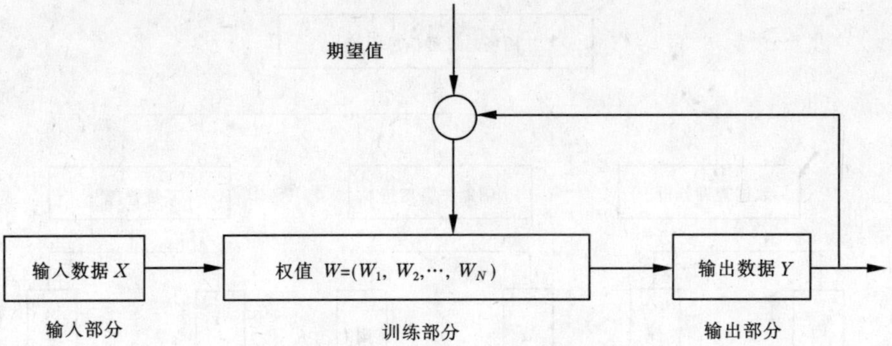

图 3-12 自我学习功能模型

3)用户界面

用户界面在EIS系统中处于一个中枢地位。有些学者甚至认为,人—机交互式界面的设计决定了决策支持系统的成败。因为,决策支持系统直接面向最终用户,用户使用效果是对它的最终评价。由于决策者应用水平参差不齐,EIS应该尽量满足各种水平决策者的使用需求。因此,在EIS的开发中,应该认真研究决策者的心理和使用习惯,与用户共同制订开发方案,并在小范围内对快速开发出来的原型进行试用,收集用户意见,逐步改进,使之最终达到最佳使用效果。

在EIS的开发过程中,选用了Delphi 4.0作为用户界面的开发语言。Delphi 4.0最显著的特点是全可视化设计和真正的面向对象。数据库操作语言使用SQL Server,软件平台选用Windows 98/NT。这一组合使EIS具有良好的、符合商业规律的用户界面。

3.6.3.5 开发工具

采用Delphi 4.0作为EIS的开发工具。Delphi是Borland公司开发的可视化开发工具,它基于Microsoft公司的Windows操作系统,具有高效、最优化、可视化的应用程序开发环境和可扩充的数据库技术。Delphi最大的优点在于其拥有功能强大、使用方便的各种开发工具和一个种类齐全、功能完备的可视化组件库(VCL)。Delphi提供的开发工具包括集成开发环境、图像编辑器以及各种开发数据库应用程序,例如Database Desktop、Database Expert等。除此之外,还允许用户挂接其他应用程序开发工具。用Delphi开发出来的应用程序具有可重用性的特点和很强的异常处理能力。

EIS的数据库系统采用SQL Server 6.5。SQL Server 6.5具有以下特点:

(1)完全的客户/服务器系统。在这种模式下,大量的数据库操作在服务器端进行,减轻了网络上的压力,使 DBMS 的速度不受工作站速度的限制。

(2)集中化管理。利用 SQL Server 6.5 的企业管理器(SQL EM)可以很方便地管理数据库资源、用户活动、服务器配置和数据库备份。

(3)灵活而强大的复制功能。SQL Server 增强的内置数据复制功能,为信息在整个组织结构内准确地分布提供了一个强大而可靠的方式,不仅可以复制给 SQL Server 数据库,还可以复制给 Oracle、DB2、Sysbase、Microsoft Access 等数据库。

(4)高性能的 Web 信息访问机制。SQL Server 6.5 中的新组件 Web Assistant 自动以 HTML 格式处理信息,使 SQL Server 系统中的信息可以被 Internet 和 Intranet 的用户访问。

第四章　信息系统的质量与全面质量管理

1994 年 2 月《纽约时报》报道,化学银行一个晚上从 10 多万位客户的账户上错误地扣除了大约 1 500 000 美元的存款。这是银行历史上最大的软件错误之一。这一错误是由某一最新计算机程序的一行独立编码产生的,它导致银行在处理自动取款机自动取款和转账业务时,将一笔业务重复记录两次。也就是说,如果一个人从一台 ATM 上提取 100 美元,却从他的账户上扣除了 200 美元,而数据则只显示一次 100 美元的提款。从星期二晚上到星期三下午,共有 150 000 笔错误的交易。

从这一报道中我们可以看到,随着信息系统日益成为企业的命脉,信息系统的错误导致的结果越来越严重,有些甚至是灾难性的。信息系统的质量已经成为人们关注的焦点。

4.1　质量的概念

从全球范围来看,随着全球经济和科学技术的发展,质量问题也越来越受到人们的重视。一方面,产品的使用者追求更高的质量;另一方面,全球经济多元化的发展格局、垄断及技术壁垒的分崩瓦解、日益激烈的竞争形势,都使得产品的供应商不得不把质量问题作为企业的立足之本。

4.1.1　什么是质量

生活中,我们常说某个东西的质量好,某个东西的质量不好。而且,人们普遍认为,凯迪拉克是高质量的轿车,而夏利相对而言质量不高。这种质量的大众化的认识是:质量是一种无形的特征——可以讨论、感觉和批评,但不能称,也不能量。为了产业界的质量改进工作,必须给质量一个可以工作的定义。ISO9000:2000 中明确定义:**质量是一组固有特性满足要求的程度。**

从这个概念中可以看到:质量既然是一种“程度”,是可以用“好”、“坏”、“优秀”等形容词来修饰的。满足要求的程度高,就是“好”;完全满足了要求,就是“优秀”。质量是在某事或某物中本来就有的,是“固有的”,而不是后来赋予的。

产品的质量具有如下的性质:

(1)一个产品质量的“好”与“坏”不是绝对的。不同的用户、不同的使用环境,对同一个产品有不同的质量需求。

(2)质量由诸多因素构成。这些构成因素之间往往是关联的,有些关联是正向的，而有些关联则是负向的。对于正向关联的因素，提高了其中一个的品质，另一个也得到了提高；而对于那些负向关联的因素，提高了其中的一个而另一个则会受损，在这种情况下就需要进行折中考虑。

(3)质量需要资源。如果资源是充足的，就能最好地满足要求。而通常情况下资源是有限的，那么就应该确认在质量中哪些因素是主要的，哪些是次要的，应当把资源首先分配给主要的因素。

(4)产生质量问题的根源是产品在设计、生产过程中的缺陷和错误。对信息系统产品而言也是同样的。

4.1.2　信息系统的质量

信息系统的质量目前还没有一个统一的、惟一的定义。

信息系统是一种管理软件，但比软件包含的范围更大。根据《中国企业管理百科全书》的定义："管理信息系统是一个由人和计算机等组成的，能进行信息的收集、传递、存储、加工、维护和使用的系统。它能实测企业的各种运行情况，利用过去的数据预测未来，从企业全局出发辅助企业进行决策，利用信息控制企业的行为，帮助企业实现其规划目标。"可见，信息系统包含了软件、硬件和人等因素以及这些因素的集成。而在1994版ISO 9000中将软件定义为："通过承载媒体表达的信息所组成的一种知识产品。"软件的质量是指软件产品满足客户(买主、使用者和维护者)需求的一组可度量的特性。所以，可以认为：**信息系统的质量是信息系统产品满足客户需求的程度**。而且，信息系统的质量管理同所有其他产业的质量管理一样，具有质量管理的一般特性和共性。但信息系统与其他硬件产品相比，在质量特性方面具有自己的特殊性。

4.1.2.1　质量难以保证

信息系统产品不同于硬件产品，不存在随时间的延长而产生机械磨损、零件更换的问题。但信息系统的故障会导致十分严重的后果。银行系统中的软件错误会使金融混乱，航空管理系统中的错误会造成飞机失事，人员伤亡。

信息系统的质量问题与其他产品的质量问题相比有很大不同，因为软件属于计算机领域的产品，系统设计人员与用户对计算机的了解和想法有很大的差距，系统开发人员通常以自己的想法去理解用户对系统的要求，而用户对自己所想要的系统功能和性能在事前也难以说清楚，因此在需求分析上就难免存在差异。

在系统开发过程中，即使保存了很多文档，仍有大量的问题在开发人员的头脑中，使不了解情况的人很难插手，导致了系统的修改和维护十分困难，有时甚至无法进行。对系统质量最有发言权的是用户，但用户无法、也没有能力参加到系统的质量管理中,这就导致系统设计常常有不少随意性,使系统的质量控制成为一个很难解决的问题。

4.1.2.2　开发进度难以控制

软件是一种逻辑系统,设计软件比设计硬件所使用的逻辑量要多 10～100 倍。为了实现一个复杂的系统,常常要建立一个庞大的逻辑体系,这是很复杂的智力工作。而且在系统开发过程中可能遇到各种意想不到的问题,因此使得系统开发过程很难保证按预定计划进行。

4.1.2.3　难以估计工作量

完成一个项目时,需要根据项目的复杂性、工作量及进度安排各种资源。但对于系统开发项目,工作量很难估计。这是因为,一方面系统规模和复杂性日益递增,开发一个大型信息系统往往需要成百上千人分工协作,而且各部分联系密切,大量的信息往来增加了工作量;另一方面,系统开发是逻辑思维过程,既难以控制其进度,也难以评价其质量,因此工作量是很难估计的。和一般工程项目不同的是,在信息系统开发中增加人员,往往不仅不能缩短开发时间,反而会延缓其进度。

4.1.2.4　系统维护困难

信息系统是一种智力产品,由于人类思维的限制,总会存在一定数量的缺陷。随着时间的推移,在不同的运行条件下,系统会出现故障,需要维护。但信息系统的维护包括了硬件的维护与软件的维护。软件的维护与硬件的维护不完全相同。这是因为,软件是逻辑元件,软件故障属于逻辑故障,不是硬件的磨损、用坏的问题。软件的维护不是更换某种备件,而是要纠正逻辑缺陷。而当软件系统规模庞大时,往往会发生“纠正一个错误带来更多的新错误”的问题。而且软件维护除了改正错误之外,还有提高性能、增强适应性等要求,维护工作量大。

4.1.2.5　软件成本增大

在信息系统的开发中,软件所占的成本比例越来越高。20 世纪 50 年代,计算机系统应用领域非常狭窄,规模很小,软件成本约占整个系统成本的 10%～20%。随着计算机技术的进步,生产规模的扩大,计算机硬件的价格不断下降,软件在系统中所占的比例越来越大。到 60 年代中期,软件费用在整个系统中增至 50%左右。70 年代以后,软件费用进一步增加。例如,在 1980 年美国政府的年度财政中,计算机软、硬件与服务费用共计 570 亿美元,而其中软件费用为 320 亿美元,占总数的 56%。如今,随着计算机硬件的性能价格比进一步提高,在信息系统中,硬件成本不断减少,而软件的成本则不断增加。软件在系统中的比重发展趋势如图 4-1 所示。

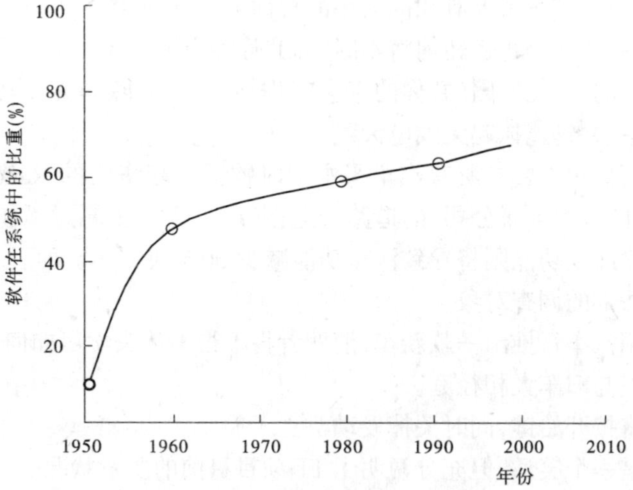

图 4-1　软件在系统中的比重发展趋势

信息系统的这些质量特点导致了现今信息系统的质量不容乐观。

很多人都听说过这样一个笑话,如果汽车按照类似计算机的发展历程来发展,今天的汽车会是什么样子的呢？这是一例在互联网上广泛流传的、有关汽车发展假设的笑话。

在最近的一次计算机博览会上,微软公司的首创者和CEO比尔·盖茨说道:如果通用汽车公司像计算机行业那样跟得上技术的发展,我们今天都将驾驶25美元的、每加仑(1加仑＝4.546 09升)能行驶1 000英里(1英里＝1.61千米)的汽车。

作为对比尔·盖茨的回应,通用汽车CEO杰克·韦尔奇如此答到:如果通用汽车开发了像微软那样的技术,我们今天将驾驶有以下特征的汽车:

(1)无论如何,你的汽车都会毫无理由地一天碰撞两次。

(2)每次重新划分公路上的交通线时,你都不得不再买一辆新车。

(3)偶尔的,你的汽车会毫无理由地死在高速公路上,你不得不接受这种状况,再发动,然后才能驾驶。

(4)偶尔的,实施一个控制命令,例如向右转,会导致你的汽车莫名其妙地熄火,并拒绝再发动,在这种情况下你将不得不重装发动机。

(5)每次只能有一个人使用这辆汽车,除非你买辆“汽车95”或“汽车NT”,但那样你将不得不买更多的座位。

(6)苹果公司将制造一辆汽车:太阳能驱动、速度快5倍、驾驶方便2倍,但它只能在5%的路段上行驶。

(7)油温、水温和交流发电机的报警将被单一的“一般汽车故障报警”代替。

(8)新座位迫使每个人有相同大小的臀部。

(9)气囊系统在停止运转前将不断询问"你确定要关闭吗?"。

(10)偶尔的、毫无原因的,你的车会将你拒之门外,除非你在转动钥匙的同时打开门把手,并迅速抓起无线电天线。

(11)通用公司将要求所有汽车买主同时购买一套华丽的 Rancl Mcnally 公司(通用汽车的一家附属公司)的道路交通图,而不管买主愿意不愿意和想不想要。如果删除此项功能则将导致汽车功能减少 50%或更多。而且,通用汽车公司将变成司法部的调查对象。

(12)通用汽车每推出一款新车,消费者将不得不从头学习如何驾驶,因为新车的控制方式与旧车大相径庭。

(13)您将按开始键,同时关掉发动机。

这虽然是一个笑话,但充分说明了 IT 项目目前的质量状况。

4.2　信息系统质量的影响因素分析

信息系统是一个复杂的系统，分析信息系统的质量因素应从其组成要素进行分析。

4.2.1　人

目前,绝大多数信息系统是由人工开发、人工进行维护的,所有的过程都离不开人。这里所说的"人",既包括信息系统的开发人员,也包括各级用户,以及与系统相关联的其他人员。各类人员以各种方式与系统交互，提供数据、决定处理、进行控制、进行反馈等。人的素质、经验、交际能力和协调能力等都将对系统直接产生影响。

4.2.2　数据

"输入的是垃圾，输出的定是垃圾(Garbage In, Garbage Out,GIGO)。"数据是原始的材料,是系统处理的对象,系统处理过程可以简单表述如下:数据(输入)+ 处理=信息(输出)。如果输入数据是错误的，即使处理过程本身没有错误，也绝不可能得到正确的信息。输出信息的正确性建立在输入信息和对输入进行正确无误的处理的基础上。

4.2.3　系统软件

软件的质量对信息系统的质量产生决定而直接的影响。在实践中,这样的例子太多太多了。软件的质量也是我们将要介绍的重点。

4.2.4　系统硬件

硬件的质量基本上是由厂家决定的。信息系统开发时必须要合理选型、正确使用。特别是在选型时要注意厂商的质量标准,以使硬件质量得到保证。

4.2.5 过程

过程与应用开发技术、开发人员素质、开发的组织交流、开发过程的控制和开发设备的利用率等因素有关。

信息系统的开发是一个复杂的过程,在这个过程中上述的各种因素交互作用,相互影响。不论采用何种开发模型,提高信息系统质量的有效途径是实施全面质量管理。

4.3 信息系统质量的度量

信息系统是一种管理软件,其最终产品的质量要在用户的使用环境当中决定。因此,我们认为信息系统质量的度量包含两个方面:内在产品质量和用户满意度。

内在产品质量和客户满意度可以细分为四个方面:

(1)平均无失效时间;

(2)缺陷密度;

(3)用户问题;

(4)用户满意度。

平均无失效时间(Mean Time to Failure, MTTF)是指系统在失效前统计的正常工作的平均时间。国外一般民用软件的 MTTF 在 1 000 小时左右。对于可靠性要求高的软件,则要求在 1 000～10 000 小时之间。

缺陷密度(Defect Density, DD)是指软件单位源代码中隐藏的缺陷数量,通常以每千行无注解源代码为一个单位。典型的统计表明,在开发阶段,平均每千行源代码有 50～60 个缺陷,交付后平均每千行源代码有 15～18 个缺陷。

平均无失效时间和缺陷密度是内在产品质量的两个关键度量。平均无失效时间和缺陷密度这两个度量是相关的,但是差别也是明显的。首先,平均无失效时间是测量两次失效间的时间,缺陷密度是测量相对于软件大小的缺陷数;其次,虽然在实际测量和数据跟踪中难以区分缺陷和失效,但缺陷和失效的含义是不同的。根据 IEEE/ANSI 标准,有如下定义:

(1)错误(Error),是人造成的错误,产生不正确的软件。

(2)故障(Fault),产生的故障是意外情况,使得系统的单元无法完成规定的功能。

(3)缺陷(Defect),是产品中的反常现象。

(4)失效(Failure),是软件相关系统的功能单元不能再完成其规定功能或者不能在规定的时间内完成。

用户问题是测量用户在使用产品时遇到的问题数。从用户观点来看,他们在使用系统时遇到的所有问题都是系统的问题。用户问题不仅包含了系统的缺陷,还包括那些不明确的文档、不明确的信息、缺陷的重复出现甚至是用户的错误等。

用户问题度量通常用每个用户月的问题数(Problems per User Month, PUM)来表示:

PUM=一段时间内用户报告的问题总数/在此期间的月数

用户问题度量可以看做是产品内在质量度量和用户满意度之间的一个中间测量。为减少用户问题,必须减少产品中的功能缺陷,除此之外,还要改进其他因素,包括实用性、文档、问题重复出现等。而为了提高用户满意度,除了必须减少产品缺陷和整体问题数之外,还要管理更广范围内的其他问题,例如产品的时间性和可用性、产品服务、总的用户解决方案等。从信息系统质量定义的观点来看,产品内在质量、用户问题、用户满意度这三个度量的作用域关系可用图 4-2 来表示。

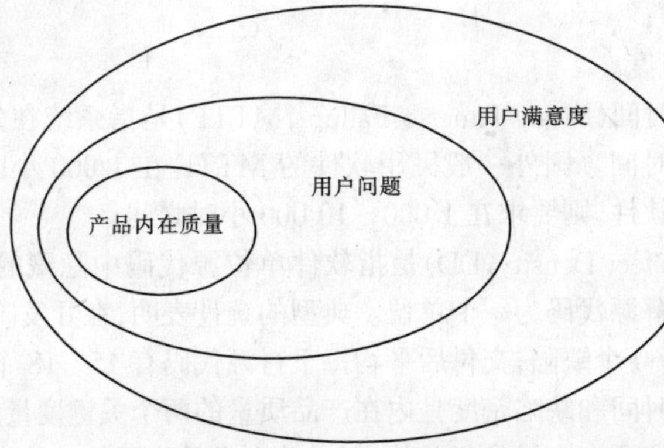

图 4-2 三个度量的作用域

用户满意度将在下一章进行分析。

4.4 全面质量管理

全面质量管理(Total Quality Management,TQM)这个名称,最先是 20 世纪 60 年代初由美国的著名专家 Arnold V. Feigenbaum 提出的。它是在传统质量管理的基础上,随着科学技术的发展和经营管理的需要而发展起来的现代化质量管理,现已成为一门系统性很强的科学。

全面质量管理是企业管理现代化、科学化的一项重要内容。它于20世纪60年代产生于美国,后来在西欧与日本逐渐得到推广与发展。它应用数理统计方法进行质量控制,使质量管理实现定量化,变产品质量的事后检验为生产过程中的质量控制。全面质量管理中质量的含义是全面的,不仅包括产品质量、服务质量,而且包括工作质量,用工作质量保证产品或服务质量。而且,TQM是全过程的质量管理,不仅要管理生产制造过程,而且要管理采购、设计直至储存、销售、售后服务的全过程。

4.4.1 TQM的基本思想

菲根堡姆对TQM的定义:"为了能够在最经济的水平上,并考虑到充分满足用户要求的条件下进行市场研究、设计、制造和售后服务,把企业内各部门的研制质量、维持质量和提高质量的活动构成为一体的一种有效的体系。"1994版ISO 9000标准中对TQM的定义:"一个组织以质量为中心,以全员参与为基础,目的在于通过让用户满意和本组织所有成员及社会受益而达到长期成功的管理途径。"这一定义反映了全面质量管理概念的最新发展。

4.4.1.1 TQM的基本指导思想

以下五点是TQM的基本指导思想:

(1)质量第一,以质量求生存。任何产品都必须达到所要求的质量水平,否则就没有或没有完全实现其使用价值,从而给消费者和社会带来损失。从这个意义上来讲,质量必须是第一位的。市场的竞争归根到底就是质量的竞争,企业的竞争力和生存能力主要取决于它满足社会质量需求的能力。特别是在1987年,第二届世界质量会议提出"质量永远是第一",说明"质量第一"的指导思想已经成为世界各国的共同认识。

贯彻"质量第一"就要求组织全体职工,尤其是领导层,必须有强烈的质量意识。组织在确定经营目标时,首先应根据用户和市场的需求,科学地制定质量标准,并安排资源给予保证。

"质量第一"并不是质量至上。质量不能脱离实际环境,也不能不顾成本、一味地追求质量。应当分析质量的各构成要素,把质量与成本统一起来,确定最佳质量标准。

(2)用户至上。在全面质量管理中,用户至上是一个十分重要的指导思想。用户至上就是要以用户为中心,为用户服务,达到用户满意,提高用户忠诚度。产品的好坏最终应以用户的满意程度为标准,产品质量和服务质量应尽可能地满足用户的要求。应该注意的是,这里用户的概念是广义的,不仅包含产品的最终用户,而且包括在企业内部。在企业的内部,生产流程的下级就视为上级的用户。特别是在信息系统的开发中,下一阶段是上一阶段的用户,系统设计人员是系统分析人员的用户等。

(3)质量是产品固有的,而不是检测出来的。影响产品质量高低的主要原因在于产品的设计和制造。产品检测是重要的,它可以起到找出不合格产品的把关作用,同时还可以将检测信息反馈到有关部门进行改进,但不是产品质量的主要影响因素。

(4)强调事实和数据。为了避免主观盲目性,在TQM中分析问题时既要有定性分析,又要有定量分析,形成科学的工作作风。在TQM中,广泛地采用了各种统计方法和工具。这些常用的质量管理方法有所谓的老七种工具,包括因果图法、排列图法、直方图法、控制图法、散布图法、分层图法、调查表法;还有新七种工具,包括关联图法、KJ法、系统图法、矩阵图法、矩阵数据分析法、过程决策程序法(PDPC)、箭条图法。除了以上方法外,还有很多方法,尤其是一些新方法近年来得到了广泛的关注,包括质量功能展开(QFD)法、田口方法、故障模式和影响分析(FMEA)法、头脑风暴(Brainstorming)法、六西格马(6σ)法、水平对比(Benchmarking)法、业务流程再造(BPR)法等。常用的统计方法包括回归分析法、方差分析法、多元分析法、试验设计法、时间序列分析法等。

(5)强调人的积极因素。人是推动生产力发展的最活跃的因素,在开展质量管理的活动中,人的因素是最积极、最重要的。特别是在大规模信息系统的开发中,人员众多,环节繁琐,联系密切而复杂,仅靠质量检验和统计方法是不能起效的。必须调动人的积极因素,加强质量意识,发挥人的主观能动性,以确保产品的质量。TQM的特点之一就是全体人员参与质量管理。

4.4.1.2 质量管理八项原则

在2000版ISO 9000标准中提出了质量管理八项原则。以下这八项原则反映了TQM的基本思想:

(1)以用户为关注焦点。企业必须把用户要求放在第一位。“组织依存于用户。因此,组织应当理解用户当前和未来的需求,满足用户要求并争取超越用户期望”。用户是决定企业生存和发展的最重要的因素,服务于用户并满足他们的需要应该成为企业存在的前提和决策的基础。为了赢得用户,组织必须首先深入了解和掌握用户当前的和未来的需求,在此基础上才能满足用户要求并争取超越用户期望。

(2)领导作用。“领导者确立组织统一的宗旨及方向。他们应当创造并保持使员工能充分参与实现组织目标的内部环境”。组织领导能够将组织的宗旨、方向和内部环境统一起来,创造使全体员工都能够充分参与实现组织目标的环境,带领全体员工一道去实现目标。

(3)全员参与。“各级人员都是组织之本,只有他们的充分参与,才能使他们的智慧为组织带来收益”。产品和服务的质量是企业中所有部门和人员工作质量的反映。因此,组织的质量管理不仅需要最高管理者的正确领导,更重要的是全员参与。只有他们的充分参与,才能使他们的才干为组织带来最大的收益。要鼓励团队合作。

(4)过程方法。“将活动和相关的资源作为过程进行管理,可以更高效地得到期望的结果”。TQM 质量管理理论认为,任何活动都是通过“过程”来实现的。通过分析过程、控制过程和改进过程,就能够控制影响质量的所有活动和所有环节,确保产品和服务的高质量。

(5)管理的系统方法。“将相互关联的过程作为系统加以识别、理解和管理,有助于组织提高实现目标的有效性和效率”。开展质量管理要用系统的思路,系统思想应该体现在质量管理工作的全方位,特别是建立和实施质量管理体系。

(6)持续改进。“持续改进总体业绩应当是组织的一个永恒目标”。质量管理的目标是使用户满意,而用户需求是不断变化的,因此企业必须要持续改进才能持续获得用户的满意。

(7)基于事实进行决策。“有效决策是建立在数据和信息分析的基础上的”。决策必须要以正确的信息为基础。因此,必须广泛收集信息,用科学的方法处理和分析数据及信息。

(8)与供方互利的关系。“组织与供方是相互依存的,互利的关系可增强双方创造价值的能力”。如今,企业与企业之间已经通过价值链等方式形成了“共存共荣”的环境。企业之间的合作关系不再是短期的、一次性的,而是致力于双方共同发展的长期合作关系。

4.4.2 基于 PDCA 的信息系统全面质量管理

PDCA 是一个经过实践证明的、进行信息系统全面质量管理的循环。

4.4.2.1 PDCA 方法

质量管理工作循环即 PDCA 循环,是由美国质量管理专家戴明(W. Edwards Deming)于 20 世纪 50 年代提出来的,故又称“戴明环”。PDCA 是在管理活动中,为提高系统质量和管理效益所进行的计划、实施、检查和行动等工作的循环过程。

PDCA 四个英文字母及其在 PDCA 循环中所代表的含义如下:

P(Plan),计划。确定方针和目标,确定活动计划。

D(Do),执行。实地去做,实现计划中的内容。

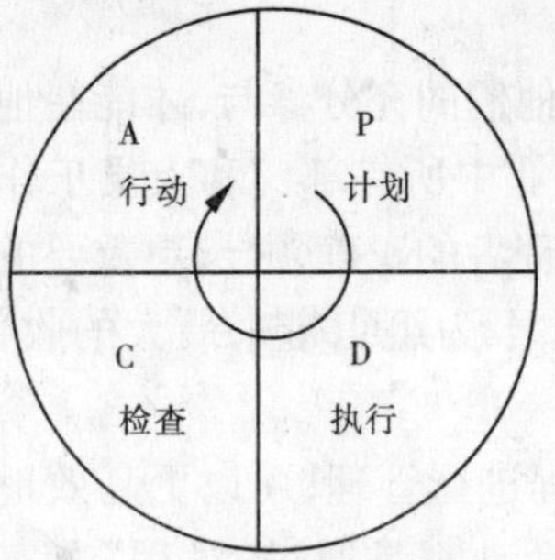

图 4-3 PDCA 循环模型

C(Check)，检查。总结执行计划的结果，注意效果，找出问题。

A(Action)，行动。对总结检查的结果进行处理，成功的经验加以肯定并适当推广、标准化；失败的教训加以总结，引起重视，未解决的问题放到下一个PDCA循环。

PDCA 循环的基本模型如图 4-3 所示。

在计划阶段，首先要对所开发产品的质量、过程以及需要的资源制定一个计划，并明确地设定目标和标准。目标可以根据过去的经验以及在产品质量、过程和资源方面希望得到的改善而设定。目标是量化的，例如，设定在产品交货前 6 个月之内软件的每千行源代码中可能发现的最大差错数，即缺陷密度，作为产品的质量目标。

在执行阶段，根据已设定的计划，实施开发产品的一系列活动。在该阶段，质量被构造进产品中，但与此同时，也发生了缺陷。特别是信息系统的开发是高密度的智力活动，缺陷在过程当中是避免不了的。

在检查阶段，通过评审和测试产品，确定计划是否达到，目标是否满足。如果产品与目标有偏差，还要对偏差定位，寻找发生偏差的原因。

在行动阶段，纠正已经发生问题，并且进行进一步改善的地方。这将成为下一个 PDCA 循环的基础。

PDCA 是一个循环、迭代的过程，具有以下特点：

(1)使用 PDCA 是一个螺旋式上升的过程，每循环一圈就要使质量水平和管理水平提高一步，每循环一周就是一个管理周期，如图 4-4 所示。PDCA 循环不是在同一水平上循环，每循环一次，就解决一部分问题，取得一部分成果，工作就前进一步，水平就提高一步，从而进入下一次的循环。在下一个循环中又有了新的目标和计划。如此往复不断，组织的开发过程将不断得到改善，不断地为产品设定新的目标，不断地提高产品的质量。

(2)PDCA 成功的关键在于进行数据的收集以确定新的质量目标，并进行全面的检查活动。

(3)PDCA 注重过程、资源以及产品的度量，以探明缺陷的原因，并发现进一步改善的机会。

4.4.2.2 PDCA 的全面质量管理模型

在质量管理体系中，PDCA 循环是一个动态的循环，它可以在组织的每一个

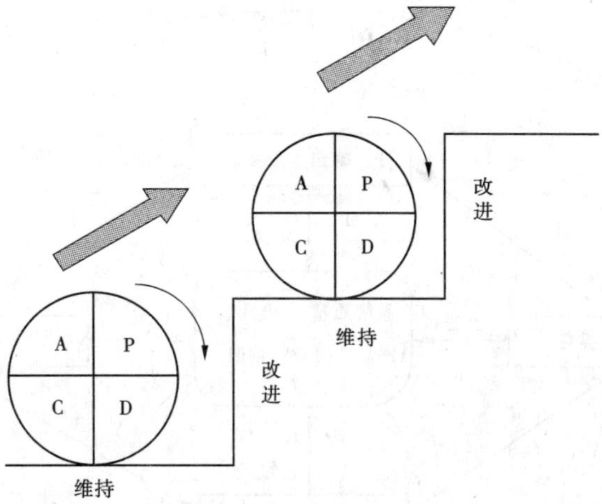

图 4-4 PDCA 的循环上升

过程中展开,也可以在整个过程的系统中展开。它与产品实现过程及质量管理体系其他过程的策划、实施、控制和持续改进有密切的关系。

在一个信息系统的开发周期之内,如何组织、计划并全面实施系统的质量控制是一个相当复杂的系统工程问题。

基于 PDCA 循环,我们可以构造出信息系统全面质量控制模型,如图 4-5 所示。

信息系统的全面质量控制模型是指对一个特定的信息系统开发项目,在如何计划和控制系统质量方面,对开发团队提供一个具体的组织和实施指导的框架。

这个信息系统的全面质量控制模型包括三个质量参数:产品、过程和资源。而信息系统的全面质量控制模型是一个调解和控制以上三个参数的过程。所以,该模型是基于上述参数的 PDCA 循环过程,其中:

计划,是确定参数的要求;

执行,是根据参数的要求开展系统开发活动;

检查,是通过评审、度量和测试,确定要求是否满足;

行动,是采取措施纠正参数偏差和/或系统再开发。

在该模型中,质量的三个参数——产品、过程和资源不是完全独立的,三者之间存在着相互影响。在质量管理中,应该对这三个质量控制参数进行综合调节和平衡。

1)产品

产品是开发过程所产生的结果。它可以是最终交付给用户的产品(系统),

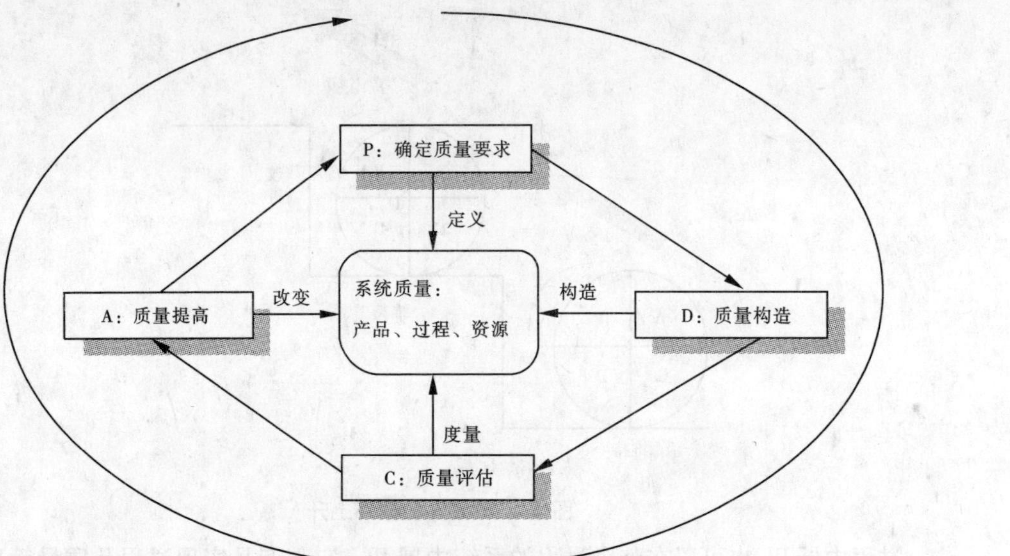

图 4-5　基于 PDCA 的质量控制模型

也可以是系统开发中某一过程的输入和输出，或者是开发过程中产生的任何中间产品，如表4-1所示。

表 4-1　产品

类型	例子
文档、计划	软件开发计划、软件质量计划
规格说明	系统需求说明书、系统设计说明书
中间产品	软件设计文档
数据	测试结果系统成本
软件	最终系统

中间产品是指某一个开发阶段的输出，同时又是后续阶段的输入。

在质量控制中应当注意，对一个过程来说，其输出产品的质量不会比其输入产品的质量更高。如果输入有缺陷，那么这些缺陷不但不会在后续产品中自动消失，而且对后续阶段产品质量的影响将呈现增大的趋势。在任何一个阶段，当发现产品的质量不可接受时，必须要反馈到前面的过程并采取纠正措施。否则，后续阶段的产品质量必定会呈现下降的趋势。

2)过程

过程是指为完成开发、维护和为保证系统质量所进行的管理和技术活动。过程分为管理过程和技术过程两种类型。管理过程包括了计划、监控、资源分配和组织工作。技术过程则以软件工程方法为特征。如果我们从质量的角度来看,一些过程是进行质量设计并将质量构造进产品当中,而另一些过程则是对质量进行检查。因此,无论是技术过程还是管理过程,对系统的质量都有着直接而重要的影响。信息系统开发过程的例子如表4-2所示。

表4-2　过程

类型	例子
管理过程	资源的使用、监控开发进展、任务分派
技术过程	系统设计评审、系统测试、软件编码
管理/技术	项目立项申请、资源选择、配置管理

过程与质量之间的关系可以表述如下:

(1)最终产品的质量可以通过检查措施来确认。

(2)最终产品的质量是通过过程设计并构造进入产品的,与此同时也引入了缺陷。

(3)一个过程所涉及到的组织和部门的数量以及它们之间的关系,既影响产生缺陷的概率,也影响缺陷被发现和被修正的概率。

(4)在系统开发过程中组织、人员等因素对系统的质量有着强烈的影响。

3)资源

资源是指为得到规定质量的产品,在系统开发过程中所使用的时间、资金、人力和设备等。在控制系统质量时特别重要的资源如表4-3所示。

表4-3　资源

类型	例子
人力	管理人员、技术人员
设备	软件开发设备、软件测试设备
时间	开发进度表
资金	投入资金

资源对系统质量同样有着如下一些非常重要的影响：

(1)人是系统质量及生产力的最大的影响因素。

(2)如果时间和资金资源得不到保障，那么系统质量控制活动将大大减少。

(3)软件开发设备、软件测试设备等资源如果不充分，就会使系统缺陷发生率提高，而发现并纠正差错所需要的时间也将增加。

第五章　信息系统质量管理模型与方法

我们先来看一个例子。

1988 年，摩托罗拉公司作为一个在全世界有超过 100 000 名员工的电子设备制造商，赢得了第一届马尔科姆·鲍威治(Malcolm Baldrige)奖——由美国政府设立的国家质量奖。这是对摩托罗拉在组织内部进行持续质量改进的表彰。

在 1981 年以前，摩托罗拉制造的电子部件出现了严重的质量问题。1981 年，摩托罗拉管理部门确定了 10 倍提高全部质量的目标。第一步是要定义一个质量尺度，即一个测量质量的系统。在征集组织内部全体员工的意见的基础上，摩托罗拉最终制定了一个被称为"每单元总缺陷数"的质量尺度。这个尺度应用于所有的部门。但对于不同的部门"单元"的定义是不一样的，一个单元可能是一个设备，一个电路板，也可能是一行软件代码，或者是技术手册上的一页。"缺陷"被定义为任何导致用户不满的事务，无论这个问题是否在最初的工作规范当中。

1986 年，摩托罗拉的一个部门超过了 10 倍改进计划。1987 年 1 月，公司确定了下一步目标，这第二个目标是在 1992 年取得 6σ 生产能力。这些目标的陆续实现提高了摩托罗拉的产品质量，帮助公司取得了竞争优势。

5.1　ISO 9000 族质量管理标准

近年来，国际上影响最为深远的质量管理标准当属国际标准化组织于 1987 年公布的 ISO 9000 系列标准，这一国际标准发源于欧洲经济共同体，但很快就波及美国、日本及世界各国。到目前为止，已有 80 多个国家在自己的企业中采用和实施这一系列标准。

5.1.1　ISO 9000 族标准概要

ISO 9000 族标准是国际标准化组织(International Organization for Standardization, ISO)的 ISO/TC 176 技术委员会制定和颁布的、在全世界范围内通用的、关于质量管理和质量保证方面的系列标准，目前已被 80 多个国家等同或等效采用，该系列标准在全球具有广泛而深刻的影响。

ISO/TC 176 的 SC2 分技术委员会经过努力工作，在 1987 年发布了 ISO 9000 质量管理和质量保证系列标准。该系列标准是质量管理和质量保证标准中的主体标准，共包括"标准选用、质量保证和质量管理"三类五项标准。该五项标准的诞生是世界范围质量管理和保证工作的一个里程碑,对推动世界各国工业企业的质量管理和供需双方的质量保证、促进国际贸易起到了很好的作用。ISO/TC 176 1994 年对系列标准进行了全面修订,标准增加到 16 项。1999 年 12 月,ISO/TC 176 对 ISO 9000 族质量管理标准进一步进行了修订,发表了 2000 版 ISO 9000 族标准。

以下是 2000 版 ISO 9000 族标准的 4 个核心标准。

(1)ISO 9000:2000《质量管理体系　基础和术语》。该标准描述了质量管理体系的基础,并规定了质量管理体系的术语。取代了 ISO 8402:1994《质量管理和质量保证术语》和 ISO 9000－1:1994《质量管理和质量保证 第 1 部分:选择和使用指南》两个标准。

(2)ISO 9001:2000《质量管理体系　要求》。该标准提供了质量管理体系的要求,供组织证实其有提供满足用户和适用法规要求产品的能力时使用,不再包括质量保证条款。组织通过有效地实施体系,包括过程的持续改进和预防不合格,使用户满意。此标准取代了 1994 版的 ISO 9001、ISO 9002 和 ISO 9003 等三个质量保证模式标准,成为用于第三方认证的惟一质量管理体系要求标准。

(3)ISO 9004:2000《质量管理体系　业绩改进指南》。该标准提供了改进质量管理体系业绩的指南,包括持续改进过程,提高业绩,使组织的用户和其他相关方满意。此标准取代了 1994 版的质量管理和质量体系要素的指南标准 ISO 9004－1、服务指南标准 ISO 9004－2、流程性材料指南标准 ISO 9004－3 和质量改进指南标准 ISO 9004－4。

(4)ISO 19011:2001《质量管理体系和环境管理体系审核指南》。该标准提供了质量管理体系和环境管理体系审核的基本原则、审核方案的管理、审核的实施以及审核员资格要求等。此标准取代了 1994 版的 ISO 10011 及 ISO 14010、ISO 14011 和 ISO 14012。

5.1.2　2000 版 ISO 9000 基本原理

组织为了有效地实施质量管理并实现其预定的质量方针和目标,需要一套完整的、行之有效的、普遍适用的、能在世界范围内被接受的质量管理理论。因此,ISO/TC 176 从 1995 年开始,在吸收整理一批国际公认的质量管理专家的管理经验和意见的基础之上,花费了两年时间整理并提出了八项质量管理原则,同时把这八项质量管理原则应用于 ISO 9000 族标准之中。

这些质量管理原则是 ISO/TC 176 在总结国际质量管理专家成功的质量管理理论和实践经验的基础上,用易于理解的、高度概括的语言所表述的质量管理的最基本、最通用的一般性规律。这是组织的管理者在有效地实施质量管理工作中必须遵循的原则。

以下是八项质量管理原则的内容：

(1)以客户为关注焦点。组织依赖于客户,因此组织应当理解客户当前和未来的需求,满足用户要求并争取超越用户的期望。

(2)领导作用。领导者确立组织统一的宗旨及方向。领导者应当创造并保持员工能充分参与实现组织目标的内部环境。

(3)全员参与。组织的各级人员都是组织之本,只有他们的充分参与,才能使他们的才干为组织带来收益。

(4)过程方法。将活动和相关的资源作为过程进行管理,可以更有效地得到预期的结果。

(5)管理的系统方法。将相互关联的过程作为系统加以识别、理解和管理,有助于组织提高实现目标的有效性和效率。

(6)持续改进。持续改进总体业绩应当是组织的一个永恒的目标。

(7)基于事实的决策方法。有效决策是建立在事实和数据分析的基础上的。

(8)与供方互利的关系。组织与供方是相互依存的,互利的关系可增强双方创造价值的能力。

质量管理的八项基本原则是质量管理体系的理论基础,是质量管理的最基本的一般性规律。质量管理体系的基本原理是应用八项质量管理原则在质量管理体系理论研究中所得到的成果,为建立质量管理体系提出了总体的原则要求,为 ISO 9001、ISO 9004 质量管理体系标准的制定给出了框架。ISO 9001、ISO 9004 标准是以八项质量管理原则作为一种管理概念,在标准的具体条款中予以充分的运用。标准以质量管理体系基本原理为框架,满足了这些原理,针对产品的实现过程及相应的支持过程,以要求和指南的方式给出质量管理的体系方法,使之可以作为评价的依据。

八项质量管理基本原则、质量管理体系基本原理以及 ISO 9002:2000 之间存在的对应关系列在表 5-1 之中。

5.1.3　2000 版 ISO 9000 质量管理模式

组织为了实现质量管理的方针和目标,需要建立相应的质量管理体系的步骤和程序。质量管理体系方法给出了质量管理体系建立及其运行的具体操作步骤,它是八项质量管理原则中"管理的系统方法"在 ISO 9000:2000 中的具体应用。包括以下具体的步骤：

(1)确定用户需求和期望。

(2)确定质量方针和目标。

表 5-1 八项质量管理基本原则、质量管理体系基本原理以及 ISO 9002:2000 之间的对应关系

八项质量管理基本原则	质量管理体系基本原理	ISO 9002:2000 标准条款
以客户为关注焦点	质量管理体系说明	0.1、5.2、7.2、7.3、7.5.4 等
领导作用	最高管理者在质量管理体系中的作用	5.1、5.3、5.4、5.5、5.6 等
全员参与		5.1、5.3、5.5、6.2 等
过程方法	过程方法	0.2、5.6、7.8 等
管理的系统方法	质量管理体系的方法	4.1、7.1、8.2 等
持续改进	持续改进	5.6、7.5、8.2、8.5 等
基于事实的决策方法	统计技术的应用	7.5、8.2、8.3、8.4、8.5 等
与供方互利的关系	质量管理体系要求和产品要求的区别	0.1、1.2 等
	建立质量方针和质量目标的目的和意义	5.1、5.2、5.3、5.4 等
	文件	0.1、4.2 等
	质量管理体系评价	4.6、8.2、8.5 等
	质量管理体系和其他管理体系所关注的目标	0.4、附录 A

(3)综合考虑组织提供的产品和所确定的质量目标，确定其全部的时间过程和相应的管理过程或者支持过程以及这些过程的职责。

(4)确定和提供实现质量目标所必需的资源。

(5)确定每个过程实现其质量目标的有效性和效率的测量方法，包括测量的依据、程序和手段等。

(6)应用测量方法确定每个过程的有效性和效率。

(7)制定防止不合格并消除其产生原因的措施。

(8)寻找提高过程有效性和效率的机会。

(9)确定那些能够提供最佳结果的改进。

(10)对改进的战略、相关的过程和所需的资源进行策划以便实施确定的改进。

(11)按照策略实施改进。

(12)跟踪改进实施的过程。应该明确跟踪的对象、方法、程序和效果。

(13)对照预期的效果，依据确定的方法评价实际结果。

ISO 9000:2000 提出的质量管理过程方法模式如图 5-1 所示。

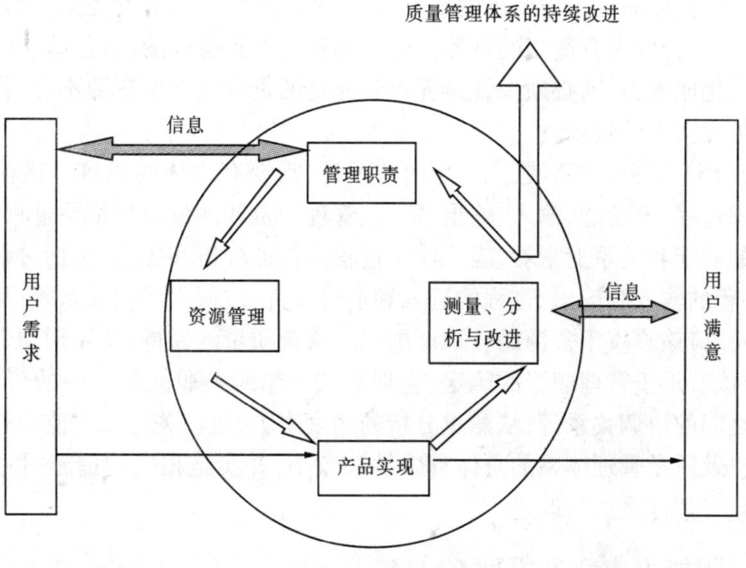

图 5-1　ISO 9000:2000 提出的质量管理过程方法模式

从图 5-1 中可以看到,管理职责、资源管理、产品实现以及测量、分析与改进构成了一个 PDCA 循环。对这一循环的改进构成了一个螺旋式上升的过程。

高质量的产品需要高质量的过程。ISO 9000 标准中对过程的定义是:**过程是一组将输入转化为输出的相互关联或者相互作用的活动**。过程的概念如图 5-2 所示。

图 5-2　过程的概念

为了确保过程的质量,对输入、输出以及在过程中的适当阶段应该进行必要的检查、评审。图 5-2 中的黑点表示可能的测量点。

我们可以从以下三个层次去理解过程的含义:

首先,从过程的内涵来看,过程是活动的系统,过程就是系统化的活动。这些活动以及活动之间的系统关系是过程能够将输入转化为输出的动因。

其次,过程要将输入转化为输出。任何一个过程都有输入和输出,输入是实现过程的基础和依据,输出是过程的结果。过程本身是增值的,价值的增加来源于投入过程中的资源和活动的结合所产生的结果。增值最直接的表现就是将用户的需求转换成满足用户要求的最终产品,无论产品是有形的还是无形的。

最后,过程要求有适当的资源。如果过程要得到有效的运行,即能够按预期将输入转化成输出,则必须保证过程得到充足的资源。如果资源不足,将直接影响组织过程实现的效果。

图 5-1 所示的模型不是一个平面的模型,需要有立体的思维。该模型的核心是组织过程,而功能、输入、输出、资源、管理职责和测量分析都是过程的特征。从过程的功能和关系上来看,应该注重过程系统的分析和描述,包括过程实现的功能、过程的输入和输出、过程的进入和退出条件、过程之间的关系等;从过程的资源来看,应该着重于资源的合理调配以及资源质量的保持;从管理职责的角度来看,应该着重于管理职责的确定、管理职责在组织各职能部门中的分配、各管理职责之间的协调关系等;从测量分析的角度来看,应该关注如何监测整个过程的性能以及质量管理体系的总体有效性和效率,并实施相应的措施对过程以及整个质量管理体系进行改进。

5.2　过程能力成熟度模型 CMM

能力成熟度模型是由美国卡内基－梅隆大学软件工程研究所(Software Engineering Institute, SEI)推出的评估软件能力与成熟度的一套标准。该标准基于众多软件专家的实践经验,侧重于软件开发过程的管理及工程能力的提高与评估,是国际上流行的软件生产过程标准和软件企业成熟度等级认证标准。

5.2.1　CMM 的发展

为了保证软件产品的质量,20 世纪 80 年代中期,美国联邦政府提出对软件承包商的软件开发能力进行评估的要求。因此,美国卡内基－梅隆大学软件工程研究所于 1987 年研究发布了软件过程成熟度框架,并提供了软件过程评估和软件能力评价两种评估方法和软件成熟度提问单。4 年之后,SEI 将软件过程成熟度框架进化为软件能力成熟度模型(Capability Maturity Model for Software,SW－CMM),1993 年 SEI 正式发布了 SW－CMM1.1 版,是目前使用最为广泛的版本。2001 年 SEI 发表了《系统工程和软件工程综合能力成熟度模型》(CMMI－SE/SW)1.0 版和 CMMI－SE/SW 1.1 版以及《系统工程、软件工程和集成产品与过程开发的综合能力成熟度模型》(CMMI－SE/SW/IPPD)1.1 版。

CMM 不仅是一个模型,一个工具,它更代表了一种管理思想在软件工业中的应用。CMM 集成众多软件专家的实践经验,是组织进行软件过程改善和软件过程评估的一个有效的指导框架。CMMI 项目更为工业界和政府部门提供了一个集成的产品集，其主要目的是消除不同模型之间的不一致和重复，降低基于模型改善的成本。

CMM的思想来源于已有多年历史的产品质量管理和全面质量管理。Watts Humphrey和Ron Radice在IBM公司将全面质量管理的思想应用于软件工程过程，收到了很大的成效，后来他们去了SEI。SEI的CMM框架就是在以Watta Humphrey为主的软件专家实践经验的基础上发展而来的。CMM模型中融合了全面质量管理的思想，以5个不断进化的层次反映了软件过程质量控制中项目管理和项目工程的基本原则。CMM所依据的想法是只要不断地对软件组织的软件工程过程的基础结构和实践进行管理和改进，就可以克服软件生产中的困难，增强开发制造能力，从而能按时地、不超预算地制造出高质量的软件。

5.2.2　CMM的5级体系结构

5.2.2.1　5级体系结构

SW－CMM为每个软件组织建立和改善软件过程提供了一个阶梯式的过程成熟度框架，这一框架由5个成熟度级别构成。这5个成熟度级别定义了度量组织软件过程和评价软件过程能力的尺度，是一个定义良好并螺旋式上升的阶梯形层次结构。CMM模型5级阶梯式结构如图5-3所示。

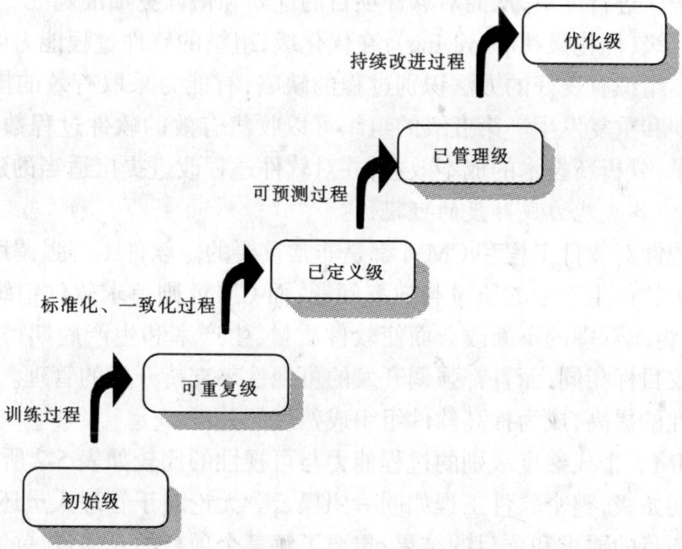

图5-3　CMM的5级阶梯式结构

第一级(初始级,Initial):在初始级,组织的软件过程能力不可预测。没有任何对质量和过程的管理,软件的开发和生产处于无序的状态,组织一般不具备稳定的软件开发与维护环境。项目成功与否在很大程度上取决于个人,取决于是否有杰出的项目经理和经验丰富的开发团队。在这种情况下,项目经常超出成本预算,不能按期完成。

第二级(可重复级,Repeatable):在可重复级,组织的软件过程能力可描述为有规律的,并且项目过程处于项目管理系统的有效控制之下。对基本的项目过程建立了成本、进度和功能实现情况的跟踪管理,建立了一些过程规律和训练。一些重要的过程可以重用以前类似项目的成功经验和结果。

第三级(已定义级,Defined):在已定义级,组织的软件过程能力可描述为标准的和一致的,过程是稳定的和可重复的,并且高度可视的。软件过程的管理和工程活动都已形成标准,并以文件的形式确定下来,成为组织的标准软件过程。所有项目的开发和维护活动都必须遵循这些已被证明的、制度化的软件过程标准,但可以根据项目的具体特征进行裁减。

第四级(已管理级,Managed):在已管理级,组织的软件过程能力可描述为可预测的,软件产品具有可预测的高质量。组织对软件产品和过程都设置了量化的质量目标。一些重要的软件质量活动的生产能力和质量都能按照组织定义的度量程序进行度量,从而对软件项目的计划和估计更加准确。

第五级(优化级,Optimizing):在优化级,组织的软件过程能力可描述为持续改善的。组织有良好的方法识别过程的缺陷,有能力采取有效的措施避免缺陷的非预期和重复发生。第五级的组织可以收集有效的软件过程数据,通过对数据的度量,分析新技术的成本效益,并对软件过程改进提出适当的建议。

5.2.2.2 各级能力成熟度的可视性

可视性对软件工程和 CMM 都是非常重要的。软件工程强调用软件开发方法来解决软件生产中的质量与效率问题,而 CMM 则追求软件组织成熟度的不断提高、组织管理的不断改善而使软件质量、生产率和生产周期得到明显改善,两者不仅目标相同,而且都强调开发的可视性来支持开发的管理。因此,软件过程可视性的提高,成为提高软件组织成熟度的关键。

CMM 5 个成熟度级别的过程能力与可视性的比较如表 5-2 所示。

在初始级,整个软件工程如同一团黑云。无论对于管理人员还是用户,都只能看到项目的要求和项目的结果,想要了解某个项目的具体进展的状况,或者制订项目计划,都是非常困难的。用户也只能等到系统交付时才能评估软件产品是否符合自己的需求。

表 5-2　CMM5 个成熟度级别的过程能力与可视性的比较

级别	成熟度	过程能力	可视性
1	初始级	成本和进度的目标一般达不到	很有限的可视性
2	可重复级	基于过去的经验,项目开发计划比较切实可行	在里程碑上具有管理的可视性
3	已定义级	基于一定的软件过程,组织持续地改善过程能力	软件过程活动具有很好的可视性
4	已管理级	基于对过程和产品的度量,组织持续地改善过程能力	定量地控制软件过程
5	优化级	组织持续地改善过程能力	不断地改善软件过程

在可重复级,软件过程的可视性有所好转,开发过程分阶段进行。用户的需求和工作产品在一定程度上可以控制。管理人员可以通过建立的基本的项目管理活动,在过程的关键点上对产品和过程进行跟踪检查。用户也可以通过关键点了解项目的进展。但对于阶段内部发生的事情,管理人员和用户仍然看不到。

在已定义级,组织拥有标准软件过程并用于软件项目中。管理人员在了解自己在过程中的责任和任务的情况下,可以发挥管理作用,对各种软件开发进行交互,并对可能发生的危险有所预测和防备。用户也能够得到较为准确而快速的系统开发情况报告。

在已管理级,管理者可以根据客观的度量,预测过程中的经费支出和其他情况,定量地、有目标地作出决定。用户也能定量地理解过程中的能力及风险。整个软件过程可以定量地指导和控制。

在优化级,管理者和用户都可以很清楚地看到软件过程的内部结构。组织上已经形成了有效的、不断的、系统的改进方法,并且已经制度化,以提高生产率和质量。管理人员有能力来估计并定量跟踪变化的影响和效果。开发组织和用户合作关系良好。

在 CMM 的 5 个成熟度级别中,可视性为管理人员和其他人员之间的交流提供了一种手段。而且不同级别的软件成熟度,软件项目的可视性状况以及所采取的管理方式都是不同的。后续的级别能比前一些级别提供更强的可视性。

5.2.3　CMM 的关键过程域

5.2.3.1　关键过程域(KPA)

虽然 CMM 的每一个成熟度级别的功能不同,但具有完全相同的内部结构,都是由若干个关键过程域(Key Process Areas,KPA)构成的,而第一个级别除外

(没有 KPA)。

CMM 的每一级的关键过程域进一步包含一系列的相关活动,称为关键实践(Key Practice,KP)。无论哪个 KPA,其关键实践都由 5 个部分组成,CMM 称之为公共特征,即每个 KPA 都包含 5 类 KP。

CMM 的这种结构使整个软件工程的改进工作形成一种自上而下的有规律的步骤。CMM 的内部结构如图 5-4 所示。

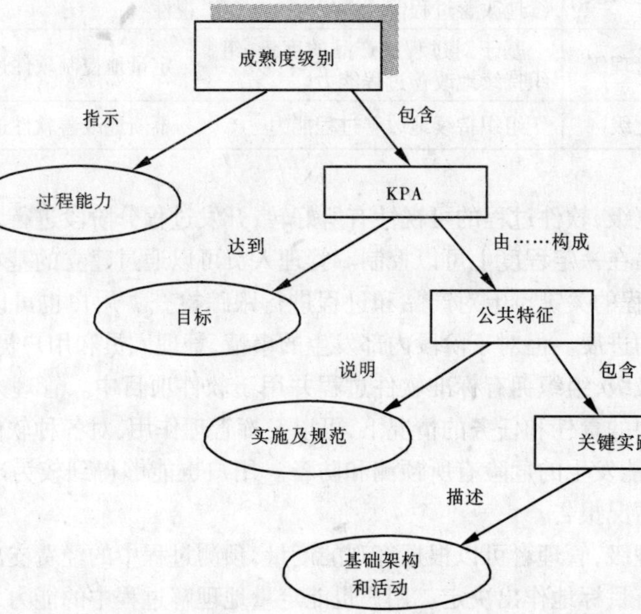

图 5-4 CMM 的内部结构

5.2.3.2 KPA 的公共特征

为了完成关键过程域中的实践活动,CMM 将其活动分为具有以下公共特征的 5 部分,这些公共特征有效地指出了一个关键过程域的实现范围、结构要求和实施内容。这 5 个公共特征相辅相成,包括了过程的承诺、能力、活动、度量与分析及实现。

(1)执行承诺(Commitment to Perform)。承诺描述的是组织为了保证该过程得以建立和保持所必须采取的措施,一般包括执行该过程的组织方针和相关的高级领导层。

(2)执行能力(Ability to Perform)。能力是组织和项目执行软件过程所必需的前提条件。能力与资源、资金、组织结构以及必要的培训有关。

(3)执行活动(Actives Performed)。活动描述的是实现 KPA 所必需的角色和程序。活动应当包括建立计划和程序、按计划开展执行、进行跟踪以及采取必要的纠正措施。

(4)度量与分析(Measurement and Analysis)。描述度量的基本规则,以确定、改进和控制过程的状态。度量与分析一般包括一些度量的例子,通过这些例子可以知道如何确定操作活动的状态和效果。

(5)验证实现(Verifying implementation)。验证实现主要是高级管理者、项目管理者、软件质量保证组以及其他有关人员,为监督 KPA 执行情况所采取的实践活动,以确保活动按照已建立的程序正确地执行。验证方式可以采取评审和审计等方式。

CMM 的 5 个公共特征是相辅相成的,它们之间相互关联。KPA 公共特征之间的关系如图 5-5 所示。

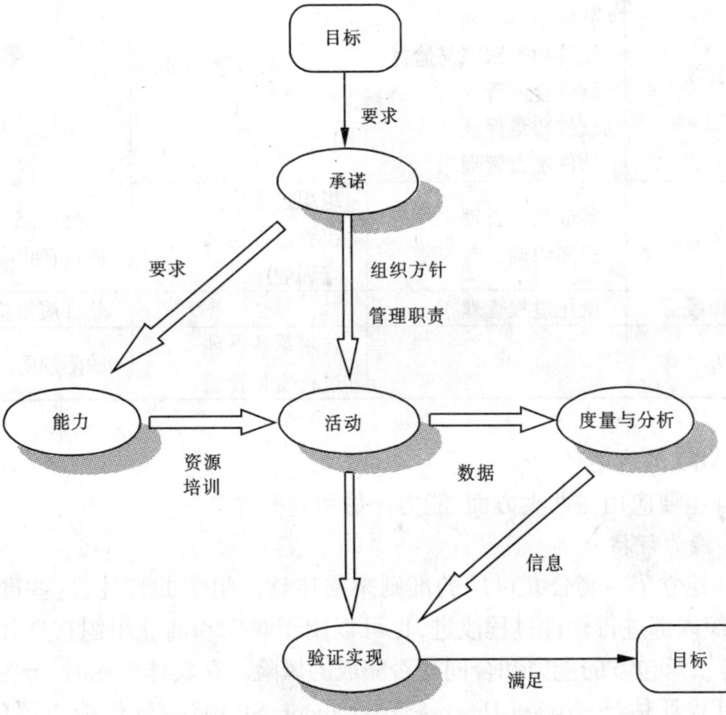

图 5-5　KPA 公共特征之间的关系

5.2.3.3 KPA 的内容

在 CMM 中,每个成熟度级别规定了不同的 KPA,但第一级除外。一个软件组织如果希望达到某一个成熟度级别,就必须完全满足该级别 KPA 所规定的不同要求,也就是说要满足每个关键过程域的目标。关键过程域标志了达到某成熟度级别所必须满足的条件。

CMM 中一共有 18 个 KPA,分布在第二级到第五级中。他们在 CMM 的实践中起到了至关重要的作用。KPA 在 5 个成熟度级别中的分布如表 5-3 所示,18 个 KPA 分布在管理、组织和工程三方面。

表 5-3 KPA 在 5 个成熟度级别中的分布

成熟度级别	关键过程域		
	管理	组织	工程
初始级	(无)		
可重复级	软件需求管理 软件项目计划 软件项目跟踪与监督 软件合同管理 软件质量保证 软件配置管理		
已定义级	集成软件管理 组间协调	组织过程焦点 组织过程定义 培训程序	软件产品工程 同行评审
已管理级	量化过程管理		软件质量管理
优化级		技术革新管理 过程变化管理	缺陷预防

5.2.4 CMM 的应用

CMM 主要应用在两大方面:能力评估和过程改善。

5.2.4.1 能力评估

CMM 建立了一套公共可用的准则来描述软件组织的特性,这些准则既可以用于组织内部进行软件过程改进,也可以用于政府和商业组织在选择软件承包方时,评价承包方的能力和合同能否完成的风险。在具体应用时,分为两种方法:软件过程评估(Software Process Assessment,SPA)法、软件能力评价(Software Capability Evaluation, SCE)法。

(1)软件过程评估法。用于确定一个组织当前的软件工程过程状态及组织所面临的软件过程的优先改善问题,为组织领导层提供报告以获得组织对软件过程改善的支持。软件过程评估主要关注组织自身的软件过程,在一种合作的、开放的环境中进行。评估的成功取决于管理者和专业人员对组织软件过程改善的支持。

(2)软件能力评价法。用于识别合格的软件承包商或者监控软件承包商开发软件的过程状态。软件能力评价的着重点在于,识别合作伙伴在成本预算和进度时间表要求范围内,完成制造出高质量的软件产品的软件合同及相关风险。

这两种方法使用的目的和方式有所不同。如果组织想要知道自己所处的状态,以确定组织过程改进的方向和步骤,则适用过程评估方法;如果希望知道其他组织的过程状态,以确定是否可以将软件承包给这个组织或与其进行合作,则适用能力评价方法。

SEI 还提出了一个 CMM 评估框架(CMM Appraisal Framework, CAF)以保证这两种方法的严格性和一致性。

CAF 用于开发、定义和使用基于 CMM 的评估、评价方法。CAF 包括了一个通用的对 CAF 评价方法的框架结构和必要条件的描述。CAF 本身并不直接用来度量组织的风险、质量过程的改进,而只是提供一些框架和要求,使一些评估机构或者个人可以遵循 CAF 的标准定义和开发符合 CMM 要求的评估和评价方法。如果需要开发一个基于 CMM 的评价和评估方法,则必须遵循 CAF 的这些框架和必要条件。通过这些符合 CMM 要求的评估和评价方法得出的结果对组织来说才是有意义的信息,可以用来指导组织进行质量过程改进或者选择合适的软件承包商。CMM、CAF 及评价方法之间的关系如图 5-6 所示。

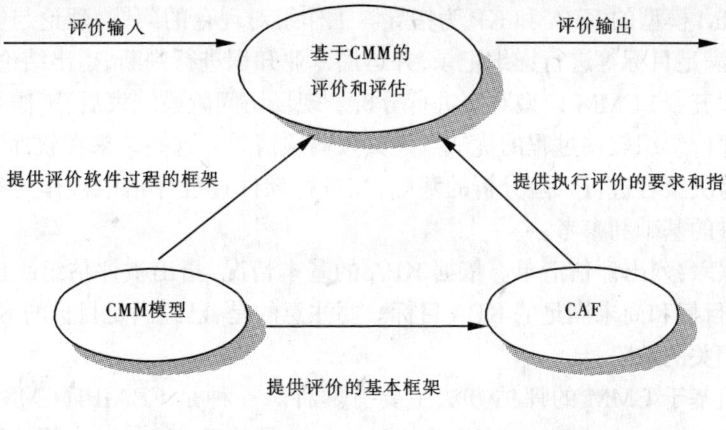

图 5-6　CMM、CAF 及评价方法之间的关系

CMM为评估和评价提供了一个参考框架,指出了在评估和评价中通常采用的共同步骤。软件过程评估和软件过程评价的步骤如图5-7所示。

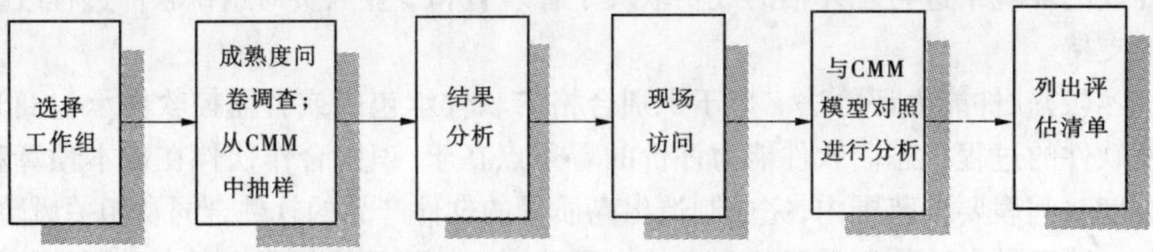

图5-7　软件过程评估和软件过程评价的步骤

操作步骤如下所列。

步骤一:选择工作组。工作组必须接受过CMM模型基本概念和评价方面的专业训练。工作组的成员应该在软件工程和软件管理方面具有丰富的专业知识。

步骤二:完成问卷调查和取样工作。成熟度问卷的内容和设计的问题,要根据评估和评价的具体情况进行选择,要具有代表性,能够反映软件成熟度的基本评价。

步骤三:结果分析。完成步骤二后,评估和评价小组开始进行分析,将分析的结果进行统计,并决定下一步进行调查的区域和工作重点。一般来说,被检测的区域都与CMM模型中的KPA有关。

步骤四:现场访问。工作组要深入被评估的组织,以分析统计结果为依据,组织会谈,并评审有关文档,以便更好地理解软件过程的情况。所有的工作都应该以CMM模型的KPA和KP为指导。工作组对现存的问题、理论与实践的差异、是否满足目标等进行详细记录,并运用专业知识进行判断,得出结论。

步骤五:与CMM模型对照进行分析。现场访问阶段结束后,工作组必须提供出被评价组织软件过程的优缺点及其强弱项清单。这些结果在软件能力评价中被作为决策者进行风险分析的基础,在进行软件过程评估中被作为软件组织过程改进的基础和参考。

步骤六:列出评估清单。依据KPA的基本情况,指出被评估组织已经满足的KPA目标和尚未满足的KPA目标。要注意的是,已经满足目标的KPA可能还存在相关的缺陷。

目前基于CMM的评估方法主要有两种。一种是CBAIPI(CMM - Based Appraisal for Internal Process Improvement),它是基于CMM对内部的过程改进进行的评估,是由组织内部和外部人员联合组成的评估小组对软件组织本身进行评估以改进质量,结果归组织所有,目的是引导组织不断改进质量。另一种是CBASCE(CMM - Based Appraisal for Software Capability Estimation),它是基于CMM对组织的软件能力进行评估,是由组织外部的评估小组对该组织的软件能力进行的评估。

5.2.4.2　过程改善

软件过程改善是一个持续的、全员参与的过程。CMM建立了一组有效的描述成熟软件组织特征的准则。该准则清晰地描述了软件过程的关键元素,并包括软件工程和管理方面的关键实践。组织可以有选择地引用这些关键实践指导软件过程的开发和维护,以不断地改善组织软件过程,实现成本、进度、功能和产品质量等目标。

CMM在过程改善上的价值在于以下几个方面:

(1)在策划改进措施中,CMM帮助软件工程过程组成员了解和判断当前的实践活动是否能达到KPA的目标。针对相关目标、管理方式和实践水平去组织某个关键实践活动的实现。

(2)确定改进过程中的方向并预测结果。软件工程过程组的成员以CMM提供的过程改进为出发点,把改进要求变为可操作的步骤。用CMM的主要实践活动确定不同部分的工作计划,进而定义软件过程本身。

(3)坚持过程的持续改善,逐步向更高的软件成熟度级别过渡。

5.2.5　CMM实施的人员及组织机构

人员及组织机构是在实施各种开发过程中的各种关键实践中不可缺少的。CMM在制定软件过程时始终本着尽可能不和具体的组织机构及组织形式相联系的原则,目的在于能提供一个独立于任何具体企业而又具有广泛指导意义的模型框架。但是为了使CMM能够适用于各种类型的企业,SEI提出了一个相对抽象的组织机构,它具有自己特定的术语,并且与组织、项目、人员相关联。

5.2.5.1　CMM实施的人员构成

以下为CMM有关角色的构成。

1)主管经理(Manager)

主管经理提供其职责范围内的技术和行政上的指导和控制,以利于其他个体开展这一部分的工作。

2)各级经理

各级经理包括了高级经理、项目经理、项目软件经理、一线软件经理等,实际上是指各层次的管理人员。

高级经理在组织内一定高度的层次上进行管理工作。高级在这里比较抽象,比如说,高级工程经理就是高级经理的一个实际例子,他们一般都要负责多个项目,管理的是具有一定抽象性的事物。项目经理、项目软件经理和一线软件经理都是针对一个具体项目而言的。项目经理需要对整个项目的总体业务负责,而项目软件经理则要对项目的全部软件活动负责。一线经理主要负责一个部门和项目组的人员配置及活动。在实际企业中,对大型项目来说,项目经理往往是二线、三线或四线经理。

3)工作人员

工作人员包括软件任务领导、职员、软件工程职员。

上面所述的这些角色和个人在一个具体的项目和组织中不是一一对应的。在实践中,可能一个人承担多个角色,也可能是一个角色由多个人来承当。例如,对于一个小的软件项目,一个人可能承担项目的软件经理、项目经理、软件配置管理经理等多个角色,而对于一些大型项目的许多岗位,特别是管理岗位,常常是由不同的多个人来承担的。

5.2.5.2 CMM 的组织机构

CMM 的组织机构有明确的划分、工作范围和各自的目标。

1)组织(Organization)

在 CMM 中,组织是指一个公司或其他实体内的一个单位,实体可以是政府机构、军队等。在组织内部,许多项目都将作为一个整体来加以管理。

2)项目(Project)

项目是指一项要求共同努力的任务,其目标是开发和维护一个具体的产品。产品可以包括软件、硬件和其他成分。项目有自己的投资、成本和进度时间表。

3)组(Group)

组在 CMM 中是指为负责一些任务和活动而划分的部门、经理和个人的集合。组的规模可大可小,从一个受指派的兼职人员,或几个从不同部门指派来的兼职人员,到几个专职人员,都是可行的。在一个组织里,组是日常实践中实际存在的。通常一个组的人员既有经理又有技术人员。

在 CMM 中涉及的工作小组主要包括以下 8 组:

(1)软件工程组(Soft Engineering Group)。负责一个项目的软件开发和维护活动的团体。

(2)软件相关组(Soft Related Group)。代表一种软件工程科目的团体,它支持但并不直接负责软件开发和维护工作。

(3)软件工程过程组(Soft Engineering Process Group)。由专家组成的,以推进组织所采用的软件过程的定义、维护和改进工作。在关键实践中,这个组通常是负责组织的软件过程活动的组。

(4)系统工程组(System Engineering Group)。负责下列工作的团体:规定系统需求,将系统需求分配给软件、硬件和其他成分;规定软件、硬件和其他成分的界面;监控这些成分的设计和开发以保证它们符合规格说明。

(5)系统测试组(System Test Group)。一些负责策划和完成软件系统测试的团体。

(6)软件质量保证组(Software Quality Assurance Group)。一些计划和实施项目的质量保证活动的团体。

(7)软件配置管理组(Software Configuration Group)。一些负责策划、协调和实施软件项目的正式配置管理活动的团体。

(8)培训组(Training Group)。一些负责协调和安排组织培训活动的团体。

在 CMM 的实践中,还会根据实际情况有其他小组的存在。

5.2.6 CMM 与 ISO 9000 的关系

事实上,ISO 9000 与 CMM 之间是统一的,因为它们的产生根源都是来自全面质量管理 TQM。TQM 最早被 IBM 公司的 Ron Radice 和 Watts Humphey 应用于软件工程。1986 年,Humphey 从 IBM 退休之后加入了卡内基－梅隆大学的软件研究所。他所带去的思想与经验成就了软件成熟度模型 CMM 的基础。

ISO 9000 与 CMM 建立在同一个质量管理理论体系之上,它们之间必定存在着许多的共同之处。但是,它们的注重点不同。ISO 9000 作为一个公共的质量管理标准,更多地是提出对质量管理的要求;CMM 作为一个评价软件组织过程能力的模型,更多地是描述对软件过程的定义、分解、控制和度量。卡内基－梅隆大学软件工程研究所的技术报告《A Comparison of ISO 9001 and the Capability Maturity Model for Software》对此作了详细的描述。ISO 9000 与 CMM,尤其是与 CMM 的 2、3 级是相辅相成的。

5.3 用户满意度测量与分析

信息系统的质量最终由用户来评价。

用户满意度(Customer Satisfaction Index,CSI)又叫用户满意指数,最早是由设在美国密西根大学商学院的国家质量研究中心和美国质量协会共同发起并研究、提出的一个经济类指数。用户满意度是指用户对企业以及企业产品或服务的满意程度。用户满意度也是客户对企业的一种感受状态,并且在这种感受状态下更容易激发交易行为的发生。一个常用的统计结果是:一个满意的用户继续购买某个企业的产品或服务的可能性是一个不满足用户的 6 倍。

5.3.1 用户满意度与质量管理

用户满意是质量的最终确认。产品内在质量和用户满意度构成了质量的全部含义。事实上,20 世纪 80 年代以来,质量的概念发生了极大的变化。过去质量由生产确定,使用技术术语来定义,现在则改为由市场确定,使用用户满意(Customer Satisfaction)来定义。在质量管理方面也产生了以用户满意为导向的趋势。全面质量管理与传统质量工程的根本区别在于:传统质量工程只关注产品质量,而全面质量管理是旨在通过将质量与用户满意度结合达到长期的商业成功。在这个现代质量时代,提高用户满意度是成功的基本要求。由于日益增长的市场竞争,留住老用户群、扩大市场份额的惟一途径就是提高用户满意度。研究证明,吸引新用户需要付出的成本是留住老用户需要付出成本的 5 倍,而且,研究也表明,不满意的用户会把他们的不满意告诉 7～20 个人,而满意的用户只会把他们的满意告诉 3～5 个人。

全面质量管理使越来越多的公司进行调查来测量用户满意度。例如,在美国,从 1994 年 10 月起开始每年公布一次美国用户满意度指数(American Customer Satisfaction Index,ACSI)。瑞典在 1989 年、德国在 1992 年都有类似的用户满意度指数出现,根据调查得到的用户满意度指数对全国的工业与服务业进行宏观指导和改进。企业则根据用户满意度的结果进行质量改进。

中国用户满意度结构模型可以用图 5-8 来表示。

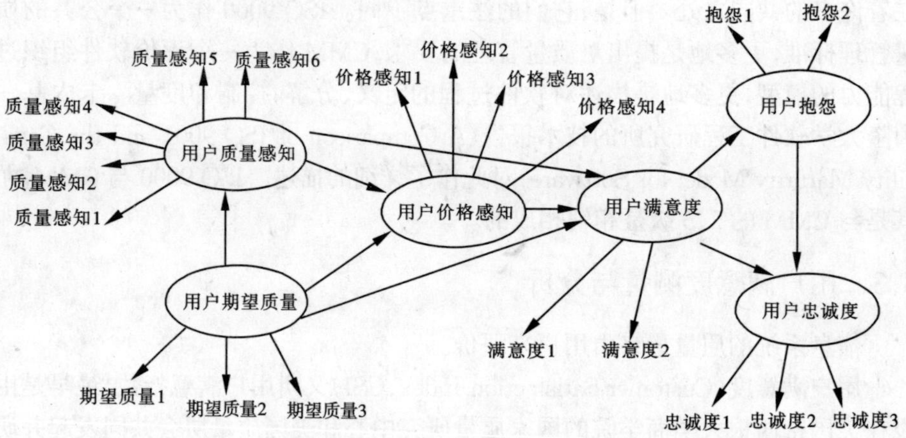

图 5-8 中国用户满意度结构模型

图 5-8 是一个结构方程模型。满意度指数模型是由 6 个潜变量构成的。

6个潜变量包括:用户质量感知、用户价格感知、用户期望质量、用户满意度、用户抱怨和用户忠诚度。潜变量是不可以直接测量的,需要有与之对应的观测变量(Indicator)。这6个潜变量都有与之对应的观测变量。参考有关文献,用户满意度结构模型6个潜变量的观测变量如表5-4所示。

表5-4　用户满意度结构模型6个潜变量的观测变量

潜变量	观测变量
用户期望质量	对产品或服务质量的总体期望 对产品或服务质量满足用户需求程度的期望 对产品或服务质量稳定性的期望
用户质量感知	用户对质量的总体感知 用户对产品质量满足需求程度的评价 用户对产品质量可靠性的评价 用户对服务质量的总体评价 用户对服务质量满足需求程度的评价 用户对服务质量的可靠性的评价
用户价格感知	给定价格时用户对质量的感知 给定质量时用户对价格的感知 用户对总成本的感知 用户对总价值的感知
用户满意度	总体满意度 与期望的比较 与理想产品的比较
用户抱怨	用户抱怨 用户投诉情况
用户忠诚度	重复购买的可能性 能承受的涨价幅度 能抵制的竞争者的降价幅度

5.3.2　用户满意度的测量

5.3.2.1　理论模型

假设N个重要度参数以及参数质量均由不同的用户进行质量评价。假设第i个参数的重要度为w_i(权重),c_i为第i个参数的质量得分,其范围为0~

100，则定义用户满意度指数 CSI 为

$$CSI = \sum_{i=1}^{N} w_i c_i$$

CSI 的期望值为

$$E(CSI) = \overline{CSI} = \sum \overline{w_i c_i}$$

其中，$\overline{w_i}$、$\overline{c_i}$ 分别为 w_i、c_i 的期望值。

假定从用户满意获得的总收入是 $\overline{CSI}$ 的某个函数 $\Phi(\overline{CSI})$。进一步假定获得用户满意的费用为一个具有费用参数为 k 的二次项。于是得到期望利润值为

$$\prod = \Phi\left(\sum_{i=1}^{N} \overline{w_i c_i}\right) - \sum_{i=1}^{N} k_i \overline{c_i}^{2}$$

上述结果的实际应用取决于组织可得到的信息。权重与得分可以由市场中的抽样数据进行估计。有时对于费用比值可作粗略的估计，但是在大多数情况下假定费用是相等的。

基于上述考虑，组织应该按照下列规则对质量投入进行平衡：

$$\frac{\overline{c_i}}{\overline{w_i}} = \frac{\overline{c_j}}{\overline{w_j}}, \forall\, i, j$$

根据这个在实际中很容易实施的简单规则，可以知道加权的用户满意应对公司中的所有质量参数相等。

5.3.2.2　实施用户满意度度量的步骤

在实施用户满意度度量时可以采取下列 7 个步骤：

(1)定义有关质量特性，判断哪些关键特性导致用户满意。

(2)确定用户总体，确定报告结果时所用到的有关阶层。

(3)确定抽样方案。

(4)拟订用户满意度问卷调查表，并确定样本规模。

(5)实施用户满意度调查。

(6)统计、分析有关数据结果。

(7)将分析结果向有关部门通报。

当用户群很大的时候，对所有的用户进行调查的成本非常高。常用而有效的方法是通过调查其中一部分有代表性的用户群样本来估计整个用户群的满意度水平。为了获得具有代表性的用户样板，必须使用科学的概率抽样方法。常用的四种基本的概率抽样方法包括简单随机抽样法、系统抽样法、分层抽样法和簇抽样法。

那么,多大的样本才是足够的呢？这个问题的回答取决于希望达到的置信度(Credit Factor, CF)和容许误差度。希望样本估计的置信度水平越高,容许误差度越小,则需要的样本就越大,反之亦然。对于每一种概率抽样方法,都有特定的公式用来计算样本大小。以简单随机抽样法为例,估计样本大小的公式如下：

$$n = \frac{NZ^2 \times p(1-p)}{NB^2 + [Z^2 \times p(1-p)]}$$

式中　N——总体大小；

Z——正态分布的 Z 统计量,如表 5-5 所示；

p——估计的满意度水平；

B——容许误差度。

表 5-5　常用的正态分布的 Z 统计量

CF	*Z* 统计量	*CF*	*Z* 统计量
80%	1.28	90%	1.65
85%	1.45	95%	1.96

关于样本大小,一个常见的误解是:样本的大小必须在总体中占有一定的比例才具有代表性。而事实上,样本能力取决于样本本身的大小。无论用户总体有多么大,样本越大,其标准偏差就越小,估计结果也就会越稳定。即使用户总体非常大,当样本达到上千的时候,就可以为许多调查目的给出满意的结果。例如,调查当代中国女性的寿命,样本在 3 000～5 000 人之间就可以得到很满意的结果。

表 5-6 表示当用户总体为 10 000 时,置信水平误差在 ± 3% 和 ± 5% 的情况。

表 5-6　不同 *CF* 值及误差范围的样本大小(总体 = 10 000)

预期满意度	*CF* = 80%		*CF* = 85%		*CF* = 90%		*CF* = 95%	
	± 3%	± 5%	± 3%	± 5%	± 3%	± 5%	± 3%	± 5%
80%	104	283	133	360	171	462	240	639
85%	83	227	106	289	137	371	192	516
90%	59	161	75	206	97	265	136	370
95%	31	86	40	110	51	142	72	199

事实上,收集用户满意度调查数据常用的方法有三种:面对面调查、电话采访和邮寄问卷调查。

面对面调查需要调查者以事先准备好的调查表为基础提问并记录回答。这种方法的主要优点是数据的高度有效性。但是,如果调查者没有经过充分的培训,他们可能偏离调查的原意,从而引入误差。而且,调查者在调查过程中作出的任何表述、动作甚至是面部表情都会影响到被调查者的反应。记录时的错误同样会引入误差。

电话采访比面对面调查要便宜。计算机辅助的电话调查可以进一步降低成本并且提高效率。但是电话采访的局限是缺少直接的观察、缺少解释用的证据以及抽样的局限性(没有电话的那部分用户永远也调查不到)。

邮寄问卷式调查不需要调查者,因此成本更低。但是其反馈率往往很低。低反馈率将导致数据的误差,因为样本有可能不能代表整个总体。

5.3.3 用户满意度的分析

用户满意度调查常用的是 5 级尺度:很满意、满意、一般、不满意、很不满意。如表 5-7 所示。

表 5-7 用户满意度调查的 5 级尺度

测评指标	很满意	满意	一般	不满意	很不满意
服务态度	5	4	3	2	1
系统响应时间	5	4	3	2	1
系统可靠性	5	4	3	2	1
培训	5	4	3	2	1
……	5	4	3	2	1

数据一般概括为满意百分数。在实践中经常使用运行图和条形图来表示满意百分数的趋势。如果为数据点设置置信区间,就可以立刻观察到样本估计的误差范围,带置信区间的满意度趋势图如图 5-9 所示,其中实线条为满意度趋势,上下的虚线条为置信区间。

一般将 95% 置信水平用于形成置信区间,5% 概率用来进行显著性测试($p=5\%$)。这个 p 值表示的是:如果实际差别不显著,而得出差别显著这个错误结论的概率为 5%。因此,如果统计上一个差异的显著水平是 5%,那就真是非常显著的,错误具有很小的概率。而在分析用户满意度的时候,可以将传统的显著水平提高。根据经验,当 $CF=80\%$ 或 $p=20\%$ 时,仍能得到满意的结论:能检测到相当大的差异,并且在差异不明显时不会给出错误的警告。

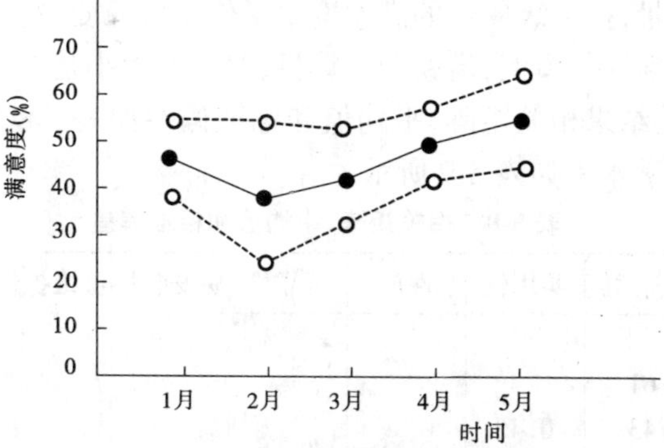

图 5-9　带置信区间的满意度趋势图

在实际使用中，有一些公司，比如 IBM，对用户满意度度量选择的是相反的度量——不满意百分数。不满意包含了 5 级尺度中的一般、不满意和很不满意。使用不满意百分数的目的是把关注焦点放在需要改进的地方。

用户满意度数据分析除了要给出整体满意度之外，还要提供质量的改进意见。因此，要仔细检查属性的满意度水平同整体满意度之间的相关性。

下面举例说明分析某一信息系统的质量整体满意度水平与特定属性的满意度水平之间的关系。分析的目的是通过评估每个属性对整体用户满意度的影响程度来决定改进的优先次序。

调查某一信息系统用户满意度的指标体系如图 5-10 所示。可以看到，用户满意度包括了 7 个下级属性。满意的度量标准为很不满意(1)到很满意(5)的 5 级尺度。

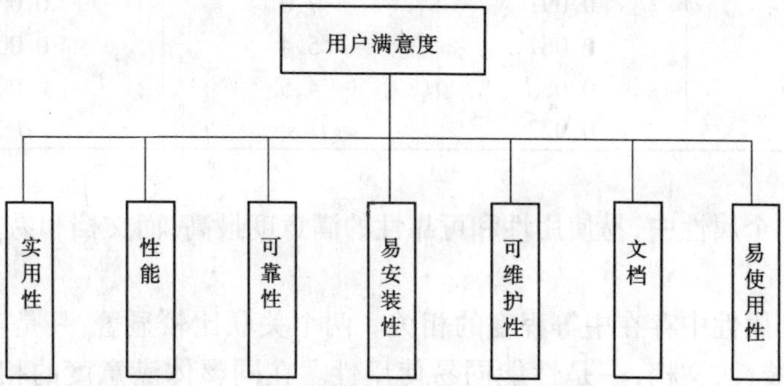

图 5-10　信息系统用户满意度的指标体系

统计分析方法是用户满意度数据处理时不可缺少的。这里可以把整体用户满意度作为因变量,把下级属性的满意度水平作为解释变量。

使用多元线性回归模型,借助于计算机,对样本大小是 3 658 的数据进行数据处理,处理后的结果相关矩阵、平均值和标准偏差如表 5-8 所示,多元回归分析的 β 系数及显著水平如表 5-9 所示。

表 5-8　相关矩阵、平均值和标准偏差

项目	整体满意度	实用性	性能	可靠性	易安装性	可维护性	文档	易使用性
整体满意度								
实用性	0.61							
性能	0.43	0.46						
可靠性	0.63	0.56	0.42					
易安装性	0.51	0.57	0.39	0.47				
可维护性	0.40	0.39	0.31	0.40	0.38			
文档	0.45	0.51	0.34	0.44	0.45	0.35		
易使用性	0.39	0.39	0.52	0.46	0.32	0.28	0.31	
平均值	4.20	4.18	4.35	4.41	3.98	4.15	3.97	4.57
标准偏差	0.75	0.78	0.75	0.66	0.90	0.82	0.89	0.64
满意度(%)	85.5	84.1	91.1	93.8	75.3	82.9	73.3	94.5

表 5-9　多元回归分析的 β 系数及显著水平

变量	β 系数	t 值(相对重要程度)	p 值(显著水平)
实用性	0.247	15.2	0.000 1
性能	0.070	4.6	0.000 1
可靠性	0.391	21.4	0.000 1
易安装性	0.091	7.0	0.000 1
可维护性	0.067	5.4	0.000 1
文档	0.056	4.5	0.000 1
易使用性	0.022	1.2	0.22

在这 7 个属性中,易使用性和可靠性的满意度最高,而文档和易安装性的满意度最低。

在 7 个属性中存在中等程度的相关。两个关联比较显著:一是实用性同可靠性、易安装性、文档,一是性能同易使用性。在同整体满意度的相关上,可靠性、实用性和易安装性的相关性最高。

多元回归分析的结果表示,除了易使用性以外的所有属性的显著水平都是

0.000 1。按照相对重要程度,可靠性、实用性和易安装性较高。

从结果中可以发现,可靠性是相对重要程度最高的变量,这说明虽然用户对系统的可靠性已经非常满意,达到 93.8%,但可靠性仍然是达到整体用户满意度的决定因素。也就是说,可靠性仍然需要进一步改进。实用性和易安装性需要大幅度改进,因为目前处于中等程度的满意度而具有显著性。

另外一个分析结果是,虽然文档是满意度最低的属性,但文档对整体满意度的影响不显著。这并不表明不需要改进文档工作,只是说明在度量文档对系统整体满意度的影响时没有其他变量那么敏感。尽管如此,文档仍是重要的变量而且应该加以改进。

易使用性是最不显著的因素,但是它有最高的满意度水平。

我们讨论这个例子的目的是确定质量属性同整体用户满意度之间的关系。还有许多其他问题在上例没有得到讨论。例如,除了指定的质量属性之外,还有哪些影响整体用户满意度的变量？在当前整体满意度的水平下,如果要提高一个百分点,需要做些什么？等等。

5.4　信息系统数据库的质量控制

数据库是信息系统的基础。可以这样认为,任何一个信息系统都是和数据库分不开的。数据库的质量直接影响着信息系统的质量。在这里,我们提出了几种面向数据的数据库质量控制方法。这些方法针对数据的采集和入库阶段,简便而快速,能够有效地提高数据库建库的质量。

5.4.1　双录入控制法

双录入控制法是处理大批量的统计数据时采用的同一数据双人录入方法。该方法从表面上看工作量大、费时间,但错误检查效率高且方法简单,是从录入的方式上控制数据质量的一种方法。具体实施中可以针对具体的数据输入软件,编制相应的错误检查小程序来自动寻找两次录入中不一样的记录,以核实和纠正。从概率的角度看,因为采用了双人同时录入,使出现错误的概率降低了50%,查找的速度反而提高了 50%,因此是一种很好的数据质量控制方法。例如,用 FoxPro 数据库输入数据时,采用双录入法,利用 FoxPro 具有的编程功能开发错误检查的小程序。

5.4.2　行业数据标准控制

数据满足一定的标准和规范的质量控制要求,经过双录入检查的数据入库后需进行首要的质量控制。一般来讲,不同的行业有不同的标准和规范,反映到数据上,就是数据的类型和取值都有特定的规律和规定。比如,高校中学生的学号、成绩、班级号的编排等都有一定的标准和规范。数据入库后首先要检验数据是否满足了本行业数据的规范和标准。

5.4.3 阈值控制

阈值控制就是对异常值进行检验的方法。一般来讲,一组数据有一个正常的数值变化范围,大部分数据的取值都落在这个范围之内,为正常值。异常值是少数比正常数值大得多或小得多的数据。异常值也并不一定都是错误的数据,按照性质可以分为两类:一是正确的异常值,二是含有过大误差的异常值。第二种异常值是阈值检验法要检验的对象。阈值检验是通过正常取值范围来判断异常值。在数据库质量控制中,可先按以往的经验确定出各种数据的正常取值范围,然后将每一个记录同对应的正常取值范围进行比较,若超出这一范围,则认为是异常值,否则为正常值。

5.4.4 统计值控制

采用阈值检验法只能判别比较明显的异常值,而一些虽然满足取值范围,但从数据排序的角度看是属于异常的值并不能用此方法查出。因此,一些基于概率统计的误差检验方法应运而生。箱线图法就是其中比较常用的方法。我们知道,在社会现象和自然现象中,大部分随机变量都呈现正态分布。我们用 μ 表示随机数列的数学均值,用 δ 表示随机数列的标准差,以 $\mu-2\delta$ 为下界,以 $\mu+2\delta$ 为上界。可以证明,正态分布的 95% 的值落在上下界之间,只有 5% 的值落在上下界之外。因此,利用此方法可以表示 95% 之外的异常值。如图 5-11 所示。

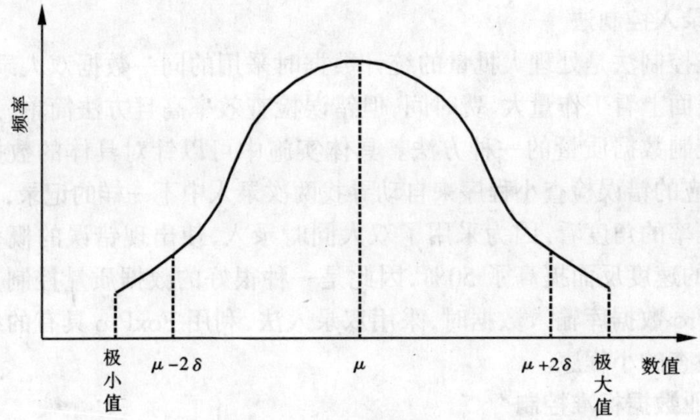

图 5-11 统计值控制

第六章　信息系统开发的项目管理

信息系统的开发是一项涉及面广、技术难度大的综合性系统工程,需要投入大量的人力、财力、物力、时间等资源,对整个组织的改革与发展会产生很大的影响。只有按照系统的观点使用现代项目管理的科学理念和方法对企业管理信息系统的整个开发过程进行控制,才可能以较小的投入取得较为理想的效果。信息系统开发的项目管理是为了使开发项目能够按照预定的成本、进度和质量顺利完成,根据管理科学的理论,对需求、成本、人员、进度、质量、风险等进行科学分析和有效管理及控制,并利用工程化开发方法所进行的系统活动。

6.1　项目管理的意义

6.1.1　什么是项目

项目是为完成某一独特的产品和服务所做的一次性努力。项目一般要涉及一些人员,由这些人员完成一些相互关联的活动。项目发起人通常希望能够及时、高效地完成项目任务。

6.1.1.1　项目的特点

1)项目有一个独特的目的

每一个项目都是独特的。或者其提供的成果有自身的特点,或者虽然其提供的成果与其他项目类似,然而其时间、地点、内部和外部的环境等条件有别于其他项目,因此项目总是独一无二的。

每一个项目有定义明确的目标。这个目标可能是时间目标,如在规定的时段内或规定的时间点之前完成;也可能是成果目标,如提供某种规定的产品、服务或其他成果等。

每一个信息系统项目都是独特的,因此其项目的开发必然是渐进的,不能从其他模式那里完全复制过来。即使有可参照、借鉴的模式,也都需要经过逐步的补充、修改和完善。

目标可以修改,允许有一个变动的幅度。但是,当项目目标发生实质性变化,它就不再是原来的项目,而将产生一个新的项目。

2)项目是一次性的

一次性是项目与其他常规运作的最大区别。项目有确定的起点和终点,没有可以完全照搬的先例,也不会有完全相同的复制。从项目的整体来说,任务完成,项目即结束,没有重复。项目的其他属性也是从这一主要特征衍生出来的。

3)项目需要使用资源

为了实现项目的特定目标,许多项目都是跨越职能部门的。对于一个信息技术协作项目来说,需要来自信息技术、销售、营销和其他不同部门的人员一起群策群力,研究合作。在信息技术项目建设的过程当中还要用到公司外部的咨询机构,例如计算机信息系统集成商、第三方信息工程建设监理等,以输入外部资源。为实现项目目标,来自其他公司如顾客、咨询公司的人等就可能成为项目资源。除此之外,还要用到其他一些硬件、软件和网络等资源。然而需要注意的是,资源并不是没有限制的,必须有效地加以利用,以满足项目需要和公司的其他目标。

4)项目要有一个主要发起人

大部分项目都会有许多项目利益相关人或者说项目干系人,但其中必须有一个主要发起人,由他对项目提供指导和资助。对于一些小的信息技术项目,发起人可能是项目主要部门的主管。例如,如果启动了一个通过网络进行产品直销的项目,那么销售主管就可能成为项目发起人。

5)项目具有不确定性

因为每一个项目都是惟一的,有时很难确切地定义项目的目标和准确估计完成项目所需的时间和成本支出。特别是对于信息系统的开发,客户在分析阶段往往难以准确地提出自己的需求。这种不确定性是项目管理具有挑战性的主要原因之一,特别是在信息系统项目中这种现象更为突出。

6)组织的临时性和开放性

参与项目的组织往往有多个,甚至几十个或更多。它们通过协议或合同以及其他的社会关系结合到一起,在项目的不同时段以不同的程度介入项目活动。项目团队在项目进展过程中,其人数、成员、职责都在不断地变化。有些成员是借调来的,项目完成团队要解散,人员要转移。可以说,项目组织没有严格的边界,是临时的、开放的。

6.1.1.2 项目的约束

每一个项目都会在范围、时间和成本等不同方面受到约束。而范围、时间和成本的限制在项目管理中被称为项目的三约束(见图 6-1)。为取得项目的成功,必须同时考虑范围、时间、成本三个目标。这三个目标常常存在冲突,项目经理的职责就是在三者之间保持平衡。项目经理必须考虑以下几点:

(1)范围。即项目的任务是什么?项目发起人希望通过项目获得什么样的产品和服务?

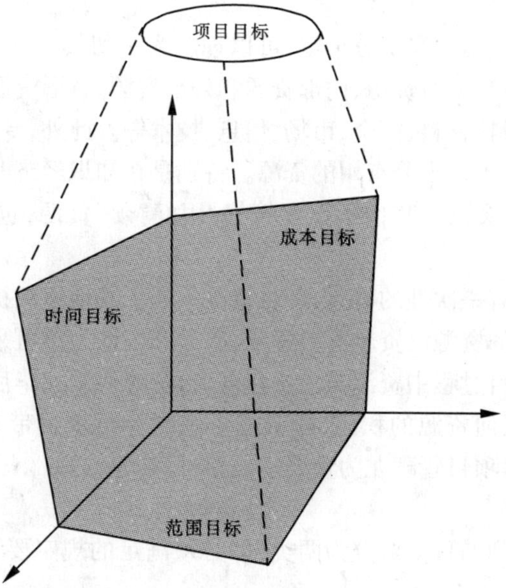

图 6-1　项目管理的三约束

(2)时间。即完成该项目需要多长时间？项目进度应该怎样安排？

(3)成本。即完成该项目需要多少成本？

项目经常被分成几个更容易管理的部分或子项目。子项目经常被发包给外部企业或组织内的其他职能部门。例如，某一个信息系统的开发作为一个项目，其中的系统分析就可以作为一个子项目，由系统分析小组承担。

6.1.2　什么是项目管理

项目管理是指在项目活动中运用专门的知识、技能、工具和方法，使项目能够实现或超过项目干系人的需要和期望。在这个定义中，不仅仅强调了使用专门的知识和技能的重要性，还强调了项目管理中各参与人的重要性。

项目管理的基本要素即项目、干系人、资源、目标和需求。

6.1.2.1　项目

内容见本章 6.1.1 部分所述。

6.1.2.2　项目干系人

项目干系人是指参与项目和受项目活动影响的人，包括项目发起人、项目组、协助人员、顾客、使用者、供应商，甚至是项目的反对人。人们的需求和期望在项目开始至结束都是非常重要的。成功的项目经理都会与各项目干系人发展并保持良好的关系，以确保对其需求和期望有较好的了解。

6.1.2.3 资源

资源的概念包括内容十分丰富,可以理解为一切具有现实和潜在价值的东西,包括自然资源和人造资源、内部资源和外部资源、有形资源和无形资源等,例如人力、人才、原料、材料、资金、市场、信息、技术等。此外,专利、商标、信誉以及某种社会联系等,也是十分有用的资源。特别是在知识经济时代,知识作为无形资源,其价值更加突出。我们不仅要管好、用好"硬"资源,也要学会管好、用好"软"资源。

由于项目具有一次性的特点,项目资源不同于其他组织机构的资源,它多是临时拥有和使用的资源。资金需要筹集,服务和咨询力量可采购或招聘,有些资源可以租赁。项目过程中资源需求变化甚大,资源使用完毕后要及时偿还、遣散或作其他处理,任何资源的积压、滞留或短缺都会给项目带来损失。资源的合理、高效地使用对项目管理尤为重要。

6.1.2.4 目标

项目要求达到的目标可分为两类,即必须满足的规定要求和附加获取的期望要求。

规定要求包括项目实施范围、质量要求、利润或成本目标、时间目标以及必须满足的法规要求等。

附加获取的期望要求如顾客的时间、资金等要求。

6.1.2.5 需求

项目要求达到的目标是根据需求和可能来确定的。一个项目的各种不同干系人有各种不同的需求,有的相去甚远,甚至互相矛盾。这就要求项目管理者必须对这些不同的需求加以协调,统筹兼顾,以取得某种平衡,最大限度地调动项目干系人的积极性,减少来自他们的阻力和消极影响。

因此,项目管理包含了对上述各种要素的确定、分析、平衡、计划、实施、控制等活动。

美国项目管理协会(Project Management Institute, PMI)提出的《项目管理知识体系指南》(A Guide to the Project Management Body of Knowledge, PMBOK)中,将项目管理的活动划分为九个知识领域,如图 6-2 所示。

6.1.3 信息系统开发为什么要进行项目管理

信息系统的开发作为一类项目建设,要进行项目管理主要有以下几点原因。

(1)目标不明确、任务边界模糊,质量要求主要由项目团队定义。在信息系统的开发中,系统项目的任务范围很大程度上取决于项目组所作的系统规划和需求分析,系统项目应达到的质量要求也往往由项目组定义,客户则负担起审查

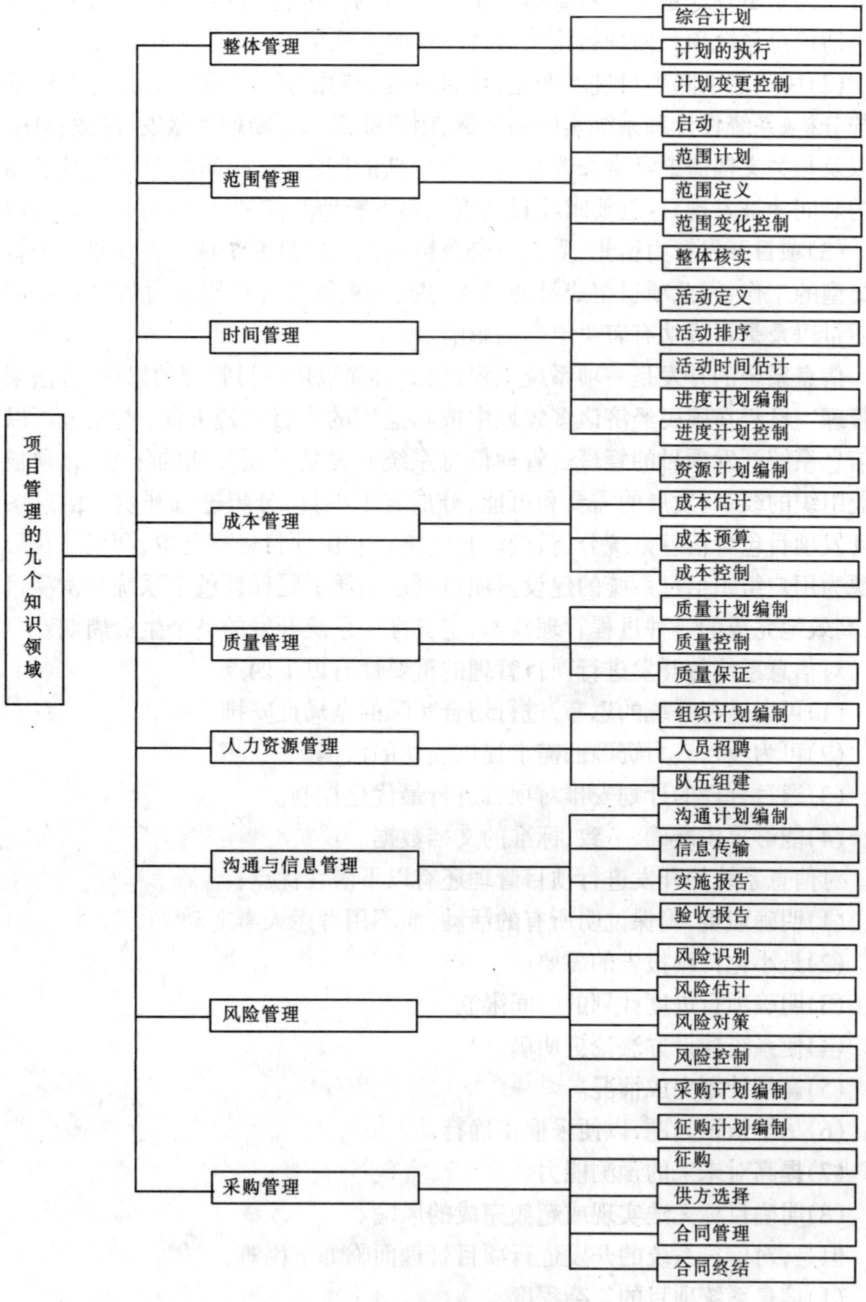

图 6-2　项目管理的知识领域

任务。为了更好地定义或审查信息系统项目的任务范围和质量要求,需求方可以聘请信息系统项目监理机构来监督项目的实施情况。

(2)用户需求随项目进展变化,项目进度、费用等不断变更。在开发中随着系统分析、系统设计和系统实施的进展,用户的需求不断地被激发,导致程序、界面以及相关文档需要经常修改甚至于产生新的问题,这些问题很可能经过相当长的时间才被发现,这就要求项目负责人要不断地监控和调整项目的执行计划。

(3)项目开发智力密集,受人力资源影响大。信息系统项目开发是一个智力密集型的工作,因此项目组成员的结构、责任心、能力和稳定性对信息系统项目的质量以及是否成功有着决定性的影响。

信息系统的开发是一项系统工程,因此必须采用项目管理的思想、方法来对其管理。已经在国民经济诸多领域中成功运用的项目管理方法,也完全可以用于信息系统开发项目的管理。管理信息系统开发是一项长期的任务,必须根据企业组织的改革、发展的需要和可能,分成若干项目,分步进行开发。信息系统的开发项目包含信息系统分析、设计和实施。它由项目经理负责,利用可获得的资源为用户组织信息系统的建设。项目管理实质上是保证整个系统开发项目顺利、高效地完成的一种过程管理技术,它贯穿于系统开发的整个生命周期。

对信息系统的开发进行项目管理的重要性有以下四点:

(1)可以进行系统的思考,进行切合实际的全局性安排。

(2)可为项目人力资源的需求提供确切的依据。

(3)通过合理的计划安排对项目进行最优化控制。

(4)能够提供准确、一致、标准的文档数据。

对信息系统的开发进行项目管理还有以下潜在优点:

(1)明确职责,确保说明所有的活动,而不用考虑人事变动。

(2)最小化持续报告的需要。

(3)明确项目进度计划的时间限制。

(4)使系统建设方法论更明确。

(5)衡量计划完成情况。

(6)尽早认识问题,以便采取正确行动。

(7)提高对未来的预测能力。

(8)明确目标无法实现或超额完成的风险。

但是,对信息系统的开发进行项目管理面临如下困难:

(1)信息系统项目的复杂程度。

(2)用户的需要的变化和规模的变化。

(3)组织结构重组。

(4)信息系统项目比一般建设项目更大的风险。

(5)信息技术的快速变化。

(6)未来的计划和价格的变化等。

6.2　项目管理的组织结构

组织结构是完成任务的基础,信息系统项目管理常用的组织机构的结构形式包括以下三种。

6.2.1　职能型组织

职能型组织结构的项目组织是由传统的职能部门组成的,项目不同阶段的任务由不同的职能部门完成,如图 6-3 所示。

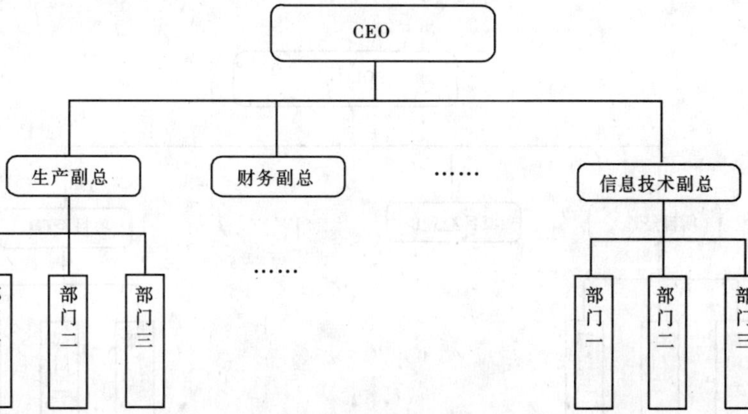

图 6-3　职能型组织结构

在这种组织结构形式中,职能经理和负责专业部门的副总对首席执行官负责。他们各自的人员都具备各自领域的专业技能。例如,大多数大学都是非常突出的职能型组织,企业管理系的老师负责企业管理课程,历史系的老师负责历史课程等。

职能型组织结构的优点是以职能部门作为承担项目任务的主体,由职能部门的主管负责配置资源,可充分发挥职能部门资源相对集中的优势,成员之间便于交流。

对于职能型结构来说,其主要优势如下:

(1)强调项目组织是项目活动的焦点。

(2)项目经理拥有对人员、资金等资源的最大控制权,每个项目都可以独立地制定自己的策略和方法。

(3)职能型组织结构能够对环境的变化及项目的需求作出快速的反应。

职能型组织结构的缺点是各职能部门往往只注重本部门的工作领域，部门之间沟通协调困难。项目的任务分配给相应的职能部门，职能部门经理只对分配到本部门的项目任务负责。但由于不同的部门经理对项目分配给各个职能部门的工作的优先级有不同的观点，所以项目分配给某些部门的工作可能由于缺乏其他部门的协作而被迫推迟。

6.2.2　项目型组织

在项目型组织结构的项目组织中，大部分的成员和其他资源按照项目划分，投入项目工作，各项目经理有很大的独立性和权限。在这个结构下，不是职能经理和副总对首席执行官负责，而是项目经理直接对首席执行官负责。项目经理及其下属具有完成特定项目所需的各种技能。项目型组织结构如图 6-4 所示。

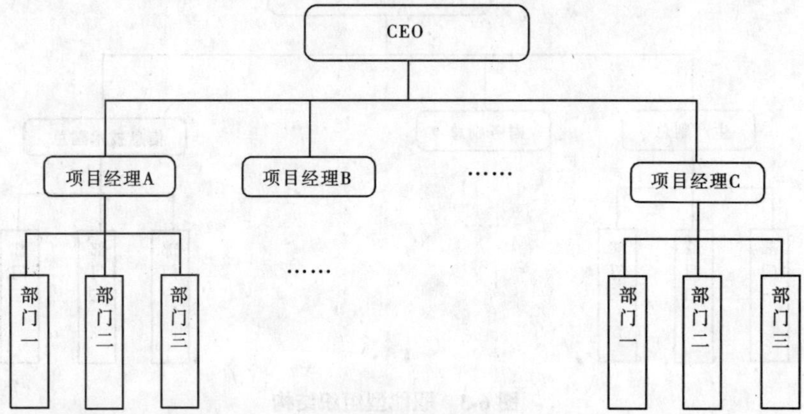

图 6-4　项目型组织结构

在项目组织结构中，所有的人都按照项目划分，几乎不再存在职能部门。在这种组织形式下，所有预算都由项目经理控制，不再保留那些在各个项目部门中都找不到合适工作的人员。

项目组织结构由项目经理全权负责。未经授权，其他任何人都不能作出决策。项目经理向高层领导负责，独立地开展工作，任何部门，包括上级领导，不得随意插手项目事务。项目经理拥有最大的权力，承担最大的责任和风险。所以，项目经理对于项目的成功至关重要。项目的各主要成员分别从各部门抽调而来，他们多为精通某一领域的专家，是项目经理的得力助手，与项目经理一起分担繁重的项目工作。

项目型组织的优点主要是：

(1)项目经理对项目全权负责，可以调用组织内外的资源。

(2)沟通途径简洁，项目经理可避开职能部门直接与高层管理部门沟通，提高了沟通速度，避免了沟通中的错误。

(3)目标单一，项目组成员能够明确理解并集中致力于单一目标，团队精神得以充分发挥。

(4)权力的集中使决策的速度加快，能够对客户的需求和高层管理部门的意图作出更快的响应。

项目型组织的缺点主要是：

(1)资源重复，设备和人员不能在项目间共享。

(2)项目成员只承担自己的工作，成员与项目之间以及成员相互之间都有着很强的依赖关系，但项目成员与其他部门之间却有着较清楚的界限。这种界限不利于项目与外界的沟通，同时也容易引起矛盾和不良竞争。

6.2.3　矩阵型组织

矩阵型组织结构介于职能型组织结构和项目型组织结构之间，是把按职能划分的部门和按产品(或项目、服务等)划分的部门结合起来组成一个矩阵，使同一名员工既同原职能部门保持组织与业务上的联系，又参加某一产品或项目小组的工作，如图 6-5 所示。公司员工通常既要向职能经理汇报，又要向一个或一个以上的项目经理汇报。例如，某公司的信息技术人员经常把工作时间分割到两个或两个以上的项目当中，但他们还要向各自信息部门的经理汇报工作。当很多项目对有限资源的竞争引起对职能部门的资源的广泛需求时，矩阵管理就是一个有效的组织形式。

在矩阵型组织结构中，项目经理是公司与客户之间的媒介。项目经理确定项目活动的内容和时间。也就是说，工作内容、何时完成、进度计划、多少费用(预算)等这些问题由项目经理确定，以完成项目，实现项目的目标，使客户满意，而如何完成分配的任务、每项任务由谁(具体人员)负责等由各职能部门负责人确定。组织结构中的每个职能经理要在技术上指导和领导项目中的工作人员。矩阵型组织结构中，每个项目经理由最高管理层授权直接向最高管理层负责，而职能部门则从另一方面来控制，对各种资源作出合理的分配和有效的控制。职能部门负责人既要对他们的直接上司负责，也要对项目经理负责。

矩阵型组织的优点主要有：

(1)各职能部门之间的沟通得到加强。

(2)项目经理对项目的成功完成负责。

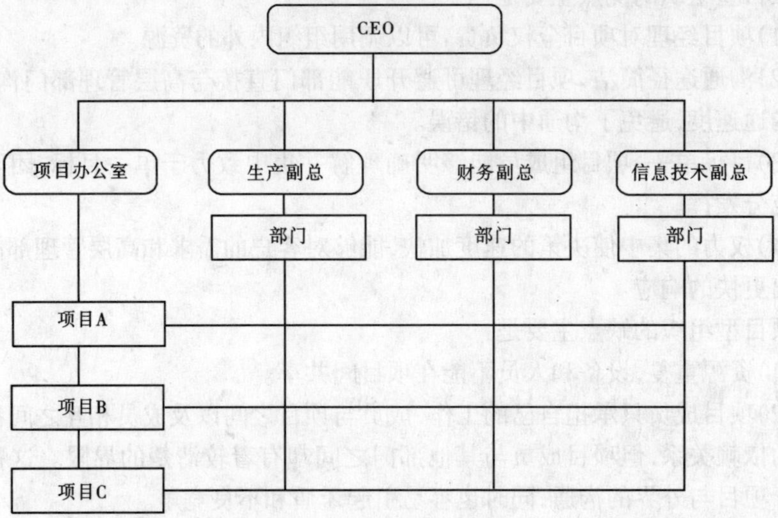

图 6-5 矩阵型组织结构

(3)资源的重复减至最少,资源得以平衡以保证各个项目完成各自的进度、费用及质量要求,减少了人员的冗余。

(4)项目组成员在项目完成后回归职能部门,比项目型组织减少了人力资源的浪费。

矩阵型组织的缺点主要有:

(1)矩阵型组织中,项目员工受项目经理和职能经理的双重领导,如果两个经理的命令有分歧,会使员工左右为难,无所适从。

(2)项目经理与职能经理的权力均衡,项目没有明确的负责者,项目工作会受到影响。如果项目失败,彼此会互相推诿,逃避责任。

(3)项目经理负责项目的行政事务,职能经理负责项目的技术问题。项目经理必须与职能经理进行资源、技术、进度等问题的磋商、谈判。

(4)在多项目共享资源时,容易引起项目经理之间的争斗。各个项目经理都会从其本部门的局部利益出发争取利益,导致项目的整体利益受到损害。

根据项目经理管理权限的不同,矩阵型结构可以表现为弱矩阵型、强矩阵型和均衡矩阵型。

(1)弱矩阵型结构。在弱矩阵型结构中,由一个项目经理来负责协调各项项目工作,项目成员在各职能部门为项目服务。但是项目经理没有多大权力来确定资源在各个职能部门分配的优先级,项目经理有职无权。

(2)强矩阵型结构。在强矩阵型结构中,项目经理主要负责项目管理,职能部门经理辅助分派人员。项目经理对项目可以实施更有效的控制,但职能部门对项目的影响减小。强矩阵型组织类似于项目型组织,项目经理决定什么时候做什么,职能部门经理决定派哪些人、使用哪些技术。

(3)均衡矩阵型结构。在均衡矩阵型结构中,项目经理负责监督项目的执行,各职能部门经理对本部门的工作负责。项目经理负责项目的时间和成本,职能部门经理负责项目的范围和质量。一般来说均衡矩阵很难维持。这主要取决于项目经理和职能经理的相对力度。平衡不好,要么变成弱矩阵,要么变成强矩阵。

根据《项目管理知识体系指南》(PMBOK),组织结构对项目的影响可用表 6-1表示。

表 6-1　组织结构对项目的影响

项目特点	组织类型				
	职能型	矩阵型			项目型
		弱矩阵型	均衡矩阵型	强矩阵型	
项目经理的权力	很小或没有	有限	中等偏小	中等偏大	权力很大,近乎全权
组织中全职参与项目工作的职员比例	没有	0～25%	15%～60%	50%～95%	85%～100%
项目经理的职位	兼职	兼职	兼职	全职	全职
项目经理的一般头衔	项目协调人/项目领导人	项目协调人/项目领导人	项目经理/项目官员	项目经理/项目官员	项目经理/项目官员
项目管理/行政人员	兼职	兼职	兼职	全职	全职

在一个纯粹的项目型组织结构中,项目经理的权力最大,而在一个纯粹的职能型组织中,项目经理的权力最小。信息系统的项目经理弄清楚自己是在怎样一个组织结构下工作是非常重要的。例如,如果在一个职能型结构的组织中,一个项目需要几个不同职能部门的大力支持,那么,项目经理就应该争取高级管理者作为项目发起人。这位发起人管理各有关职能部门经理,确保他们能在该项目上保持合作,并在需要的时候可以调用合适的人员。

虽然项目经理在项目型组织结构中所拥有的权力最大,但对于企业整体来说,这种组织类型的效率往往是比较低的。因为员工在项目组织中担任全职,他们并不是所有的时间一直都在工作,而且,项目结束时这些人员还要重新安排工作。而在其他组织结构中,其他项目可以调用在某一个项目中闲散下来的人员,形成规模效应。

6.3 项目管理的过程

6.3.1 项目生命周期

就像信息系统具有其生命周期一样,一个项目也有其生命周期。项目的生命周期描述了项目从开始到结束所经历的各个阶段,最一般的划分是将项目分为"启动、规划、实施、收尾"四个阶段。前两个阶段的主要工作是作计划,并通常被称做项目可行性阶段。后两个阶段主要是开展实际工作,并经常被称做项目获取阶段。一个项目在开始一个阶段的工作时,必须确保成功完成上一阶段的工作。实际工作中根据不同领域或不同方法再进行具体的划分。例如,软件开发领域中将项目划分为需求分析、系统设计、系统开发、系统测试、运行维护几个阶段,而在建筑业中一般将项目分成立项决策、计划和设计、建设、移交和运行等阶段。

对于 IT 服务项目,从厂商来看项目生命周期是从接到合同开始,到完成规定工作结束。但如果从客户角度看,项目生命周期是从确认有需求开始,直到使用项目的成果实现组织目标结束,生命周期要比前者长。因为项目的根本目标是满足客户的需求,所以按后者考虑比较有益,对项目管理的成功大有帮助。一个IT 项目的生命周期包括如下各个阶段的工作。

6.3.1.1 启动项目,识别需求

当需求被客户确定时,项目就产生了。这个阶段的主要任务是确认需求,研究项目的可行性,分析开发方所应具备的条件。这个阶段以客户提出明确的《需求建议书》或《招标书》为结束标志。这个阶段尽管可以由客户单独完成,但如果开发方介入则非常有利:一方面可了解客户真正需要什么;另一方面早期的交流可建立良好的客户关系,为后续的投标和签订合同奠定基础。

6.3.1.2 规划项目,提出解决方案

这个阶段主要由各开发方向客户提交标书、介绍解决方案。这个阶段是赢得项目的关键,开发方既要展示实力,又要合理报价。如果竞标成功则签订合同,开发方开始承担项目成败的责任。这个阶段要防止对客户过度承诺而造成日后无法兑现。防治的方法是一方面在合同中明确定义项目的目标和工作范围;另一方面在公司建立合同审核机制。

6.3.1.3　实施、执行项目

这个阶段从开发方角度来看这仅是项目的开始。这个阶段项目经理和项目组将代表开发方完全承担合同规定的任务。在这个过程中一般需要细化目标，制定工作计划，协调人力和其他资源；定期监控进展，分析项目偏差，采取必要措施以实现目标。因为IT项目的不确定性，项目监控显得非常重要，必须建立公司一级的监控体系跟踪项目的运行状态。

6.3.1.4　收尾、结束项目

这个阶段主要包括移交工作成果，帮助客户实现商务目标；系统交接给维护人员；结清各种款项。完成这些工作后一般要进行项目评估。

另外，区分**项目生命周期**和**产品生命周期**是非常重要的。项目生命周期可以应用到所有类型的项目，不管项目产生什么产品。而产品生命周期则根据产品属性的不同有很大的不同。

大部分信息技术产品都是通过一系列的项目开发出来的。例如，一个新的信息系统，在系统分析阶段可能包括这样一个项目：雇用一个咨询公司来帮助确定和评估将要开发的特定商业应用系统，如一个新的订单处理系统。同样，可能包含一个关于用户调查的策划、实施和评估的项目，以获取用户对那些用于实现同样业务功能的现行系统的评价意见。在这一系统分析阶段可能还会存在其他一些项目，例如，为公司某些特定业务功能开发过程模型，为公司某些业务功能和应用的数据库建立数据模型等。在信息系统的实施阶段可能包括这样一个项目：程序员编写部分系统程序。到了维护阶段，可能会有信息系统用户的培训项目。上述举例都表明，一个大的信息系统项目通常是由若干个较小的项目组成的。

在信息系统开发过程中，项目管理是一项横跨整个周期的活动，在信息系统开发过程的每一阶段都得做项目管理工作，在系统开发周期的所有阶段进行项目管理都是必须的，因此更好地理解和做好项目管理工作对于信息技术专业人员来说是非常重要的。

6.3.2　项目管理的五个工作过程

项目管理过程一般由五个不同的管理工作过程组成，即项目启动、项目计划、项目执行、项目控制和项目收尾。项目管理过程是从启动到计划、执行、控制和收尾的一系列活动。

6.3.2.1　启动过程

项目启动过程包括开始和结束项目及项目各个阶段的有关活动。启动一个项目包含的活动很多，如定义项目的商业需求、为项目提供资助、确定项目经理

等。项目的每一个阶段都会有启动过程。例如,在项目生命周期的每一个阶段,为了判断项目工作是否值得继续下去,项目经理和项目组人员都必须重新考察项目的商业需求。甚至当结束项目时也需要启动过程:必须有人负责开始有关工作,来确保所有工作都已经完成,并确保客户能够接受项目成果;项目组对有关的经验、教训进行归档;使全部的项目资源得到重新分配。

6.3.2.2 计划过程

项目计划过程包括制定与保持一个可行的计划,以便实现项目所要满足的需求。制定相应的计划可以确定某时间点上与项目相关的各种要求。例如,制定详细的计划以明确项目的范围、项目的进度,明确各项活动的执行时间、执行人、成本以及需要采购的资源等。为了适应项目条件的变化和组织环境的变化,项目生命周期中的每个阶段都常常会对项目计划进行调整,以确保计划的可行性。

6.3.2.3 执行过程

项目执行过程包括协调人员和其他资源以实现项目计划并生产出项目和项目各个阶段的产品。例如,组建一个项目组,进行有关领导工作,核实项目范围,确保项目质量,发布有关信息,采购必需的资源,交付实际工作成果等。

6.3.2.4 控制过程

项目控制过程就是确保项目目标实现的过程。项目经理和项目人员要对照计划对项目进度进行监督和测评,并在必要的时候采取纠正措施。一般的项目控制过程包括绩效评价和状态的评审等。

6.3.2.5 收尾过程

项目收尾过程主要指进行正式的项目和项目阶段验收工作,使其有一个结束。收尾过程包含了许多管理活动,例如项目文档的存档、工作总结以及对项目和项目各个阶段所设定的任务的验收等。

项目管理的五个工作过程贯穿于项目的整个生命周期中,也贯穿于项目各阶段中,它们是相互影响、相互渗透的。现代项目管理强调项目管理的阶段性和过程性,要求在项目管理中根据实际项目的特性和面临的各种条件,将一个项目划分成一系列项目阶段,并对各个项目阶段进行管理,形成项目管理过程组,而将整个项目的管理看成是一个完整的管理过程组。

图 6-6 描述了各个项目过程的活动程度,表明在整个项目管理进程中各个过程在活动程度以及时间上的相互关系。要注意的是,过程组并不是分散的、一次性的事件,其以不同的活动程度存在于项目的各个阶段。根据具体项目的不同,每个项目过程中活动程度和时间长短都会有所不同。在一般情况下,执行过

程消耗的资源和时间最多，其次是计划过程。而启动过程与收尾过程通常最短，所需要的资源和时间也最少。

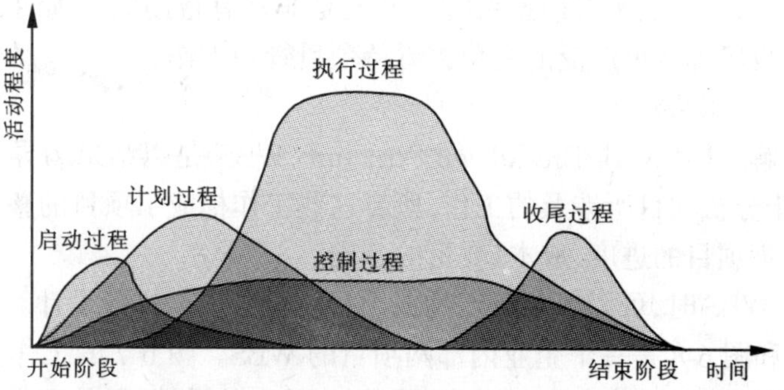

图 6-6　项目过程随时间表现的活动程度

这五个项目过程中的每一个过程都是以完成一定的任务为特征的。

在一个新项目的启动过程中，企业要确认新项目的存在。通常，这种确认要在完成项目干系人分析、所需文件的准备、项目可行性分析的基础上才能完成。在这个阶段需要描述项目的支持者和反对者，项目的定义，项目要求的最高目标、范围、可交付成果、截止日期以及所需的资源等。例如，在项目开始阶段启动过程的主要工作成果就是选择一位项目经理，并形成一个项目可行性研究报告。

计划过程的主要工作成果包括完成工作分解结构、项目进度计划及项目预算。计划过程对信息技术项目来说特别重要。那些有过与信息技术有关的大型信息技术项目经验的人都知道这样一句行话："计划时的 1 美元顶得上系统实施后的 100 美元。"这是因为，一旦系统已经实施，想要再对系统进行改变，所需的投入就要大得多了。

执行过程是指采取必要的行动以保证计划期间所制定的工作任务能够完成。执行过程的成果就是完成实际的项目工作。例如，某个信息系统项目要求提供新的软硬件和培训，执行过程就包括组织项目组和其他有关人员购买硬件，进行软件的开发和测试，并安排相关人员培训等。这个过程组会与其他过程组发生交叉，并需要更多的资源。

控制过程就是按照项目目标，对项目进度进行测评，监控其与计划的偏离程度，并采取纠正措施使项目进展符合计划要求。控制过程的理想结果是：在要求的时间、成本和质量范围内提交双方同意的项目。

在收尾过程中，主要工作是最终产品的验收，并使项目和项目各个阶段有一个结束。该过程的主要工作成果包括项目工作的正式验收，以及项目审计和项目经验总结报告等一些总结性文件。

项目管理过程组(启动、计划、执行、控制和收尾)为项目管理提供了一个非常有用的框架,这个框架对信息系统的开发是非常有帮助的。项目管理过程组也有助于项目经理从更广泛的视角去看待项目管理工作。

6.3.3　工作分解结构

工作分解结构(Work Breakdown Structure,WBS)是以结果为导向的一种分析方法,用于分析项目所涉及的工作,所有这些工作构成了项目的整个范围。它是计划和管理项目的进度、成本、变更的基础。

在设计 WBS 时,可以以项目产品或项目阶段为依据进行设计。

图 6-7 和图 6-8 是一个企业内部网项目的 WBS。图 6-7 的工作分解结构是围绕项目产品进行的,其中有一项是进行网络站点的设计,另外还有企业内部网的主页、市场部的主页以及销售部的主页的设计。图 6-8 是同一个企业内部网项目的 WBS,但它是围绕项目阶段进行设计的。其中,项目规划阶段、站点设计、站点开发、投入运行、维护等成为设计的结构基础。

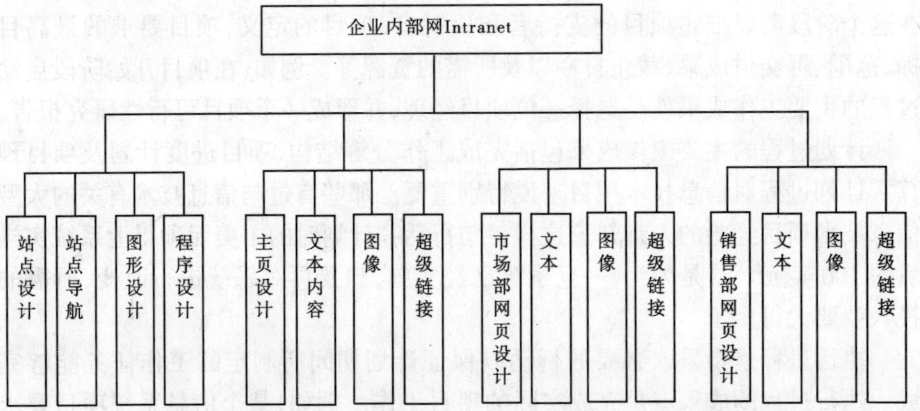

图 6-7　某企业内部网项目的 WBS(围绕产品进行设计)

WBS 也可以以表格的形式给出,如表 6-2 所示。在表格形式中,各项内容没有改变,但序号以及任务项的缩进表示了该 WBS 的结构。表格形式在合同中被广泛应用。

要设计一个好的 WBS 是非常困难的,这要求项目经理对项目和项目范围有详细的了解,并能结合项目干系人的需求等。因此,让所有项目成员和客户参与 WBS 的创建和审查是很必要的。

制定 WBS 有以下三种方法:

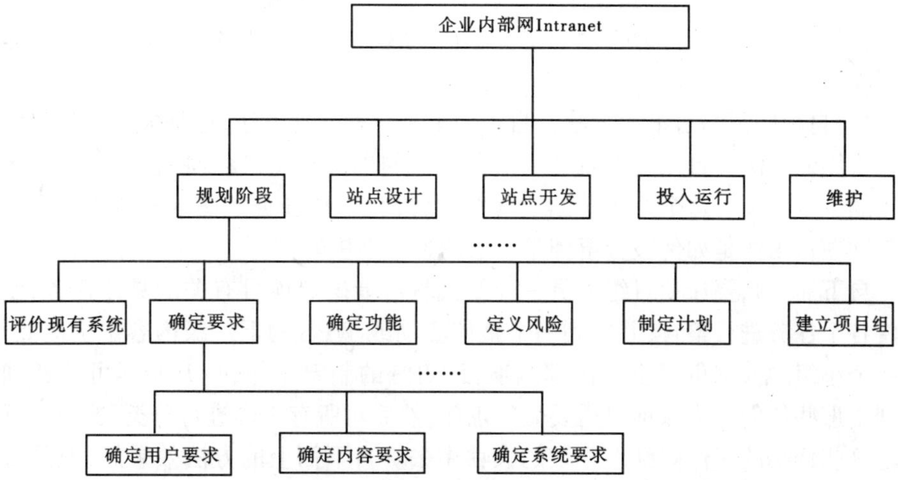

图 6-8　某企业内部网项目的 WBS(围绕项目阶段进行设计)

表 6-2　某企业内部网项目的 WBS

1.0　规划
1.1　评价现有系统
1.2　确定要求
1.2.1　确定用户要求
1.2.2　确定内容要求
1.2.3　确定系统要求
1.3　确定特定功能
1.4　定义风险和风险管理方法
1.5　制定项目计划
1.6　组建网站开发小组
2.0　站点设计
3.0　站点开发
4.0　投入运行
5.0　维护

(1)使用已有的指导方针。使用已有的指导方针是指如果已经存在 WBS 的指导方针就按照指导方针去设计。许多组织,比如说美国国防部,就为特定的项目制定 WBS 的形式和内容。而且美国国防部要求承包商必须按照国防部提

供的 WBS 的样本的模式提交项目建议书。这样便于对建议书进行审定。

(2)类比法。类比法是指可以用一个类似产品的 WBS 作为起点。这个起点是经验的积累。

(3)自顶向下与自下而上法。自顶向下是一种常规方法,也是大多数项目经理喜欢用的方法。自顶向下就是从项目最大的单位开始,逐步将它们分解成下一级的多个子项。这个过程不断增加级数,细化工作任务。图 6-8 描述了企业内部网项目工作是如何被分解到第三层的各个细块的。

自下而上则要让项目组人员一开始就尽可能确定项目有关的具体任务,然后将各个任务进行整合,并归到一个整体活动或 WBS 的上一级内容中。例如,由一个小组的人来负责企业内部网项目 WBS 的制定工作,一开始尽可能详细地列出那些他们认为该项目需要做的工作,然后对所有工作进行分类,这样就可以把这些详细的工作归到上一级的大项中去。自下而上的方法效果好,但是费时。对那些以前不曾接触过的系统项目采用自下而上的方法比较好,或者可以采用自下而上的方法来促进全体成员参与项目管理工作。

创建一个好的工作分解结构并不是一件很容易的事情。在实际工作中,往往会综合使用多种方法来创建项目的工作分解结构。

制定 WBS 还要遵循以下一些基本原则:

(1)任何一个单位的工作任务只能在 WBS 中出现在一个地方。

(2)任何一个 WBS 项的工作内容是其下一级的工作内容之和。

(3)WBS 中的每一项工作都只由一个人负责,即使这项工作要多人来做也是只由一个人负责。

(4)WBS 必须与工作任务的实际执行过程一致。

(5)WBS 全体成员必须参与 WBS 的制定,以保证一致性和全员参与。

(6)每一 WBS 项必须归档,以确保准确理解该项包括和不包括的工作范围。

(7)在正常的范围内根据说明书对项目工作内容进行控制的同时,还必须让 WBS 具有一定的灵活性,以适应无法避免的变更需要。

6.3.4 刘易斯项目管理模型

项目生命周期的划分是为了便于对项目进行管理。美国项目管理学家詹姆斯. P. 刘易斯(James P Lewis)提出了一种根据项目生命周期对项目进行管理的模型,被称为刘易斯项目管理模型。

如图 6-9 所示的刘易斯项目管理模型代表了项目管理的全过程。该模型共分 16 个步骤,步骤(1)～步骤(5)是项目的启动阶段;步骤(6)～步骤(8)是项目的规划阶段;步骤(9)～步骤(14)是项目的实施阶段;步骤(15)～步骤(16)是项目的收尾阶段。

刘易斯项目管理模型共分16个步骤的具体内容包括:

(1)概念确立。即对所要做的事情有一个框架性的设计。

(2)问题的定义。即对长远目标进行说明。步骤(2)是对步骤(1)的进一步细化和具体化。

(3)生成项目的备选方案和战略计划。即提供思路、备选方案和战略计划总体思路。

(4)战略计划的评估和分析。即在选择方案的同时,做一个从总体技术路线到总体项目管理策略的评价和分析。

(5)战略的确立。即确定具体的战略、目标。

(6)制定项目的实施计划。这是一个更加具体的、第二个层次的项目计划,是关于项目怎样实施的计划。

(7)项目干系人批准计划。这里的计划包括战略计划、初步计划、详细计划,在这些计划实施之前,必须进行审批过程。

(8)签署项目计划。项目的批准人、参与项目的有关干系人要签署项目计划,对计划作出承诺,同时建立项目的跟踪记录,做一个项目进展情况日志,或者周志、月志、记录等,根据这些记录信息进行项目管理。

(9)执行计划。即正式开展计划,进展这个项目。

(10)监控项目进展。指计划开始实施之后,就要控制计划的执行,要对计划进展情况进行监控、监测和控制。

(11)审查项目定义。项目实施之后,需要作一些评审,评审包括对原来工作的评审,同时也包括对项目目标定义的评审,如有问题就返回到步骤(2),重新修正项目的定义。

(12)对项目的战略进行评审。首先是评价目标或项目的定义,然后评审战略计划。如果战略制定有问题就返回步骤(4),重新修正项目的战略。

(13)项目的实施计划。即对具体的计划工作流程和对一些细节要进行评审,有问题就进行修改,返回步骤(6)。

(14)循环,直至所有的工作完成。即按照整个流程不断地从计划的执行到监测、评审,有问题就要修改计划,然后再执行,再评审,这个过程一直延续到全部工作结束。

(15)评价项目,总结经验教训。即项目全部完成以后,进行总结评价,及时总结经验教训,对一些问题进行归档,作为今后项目的指导和借鉴。

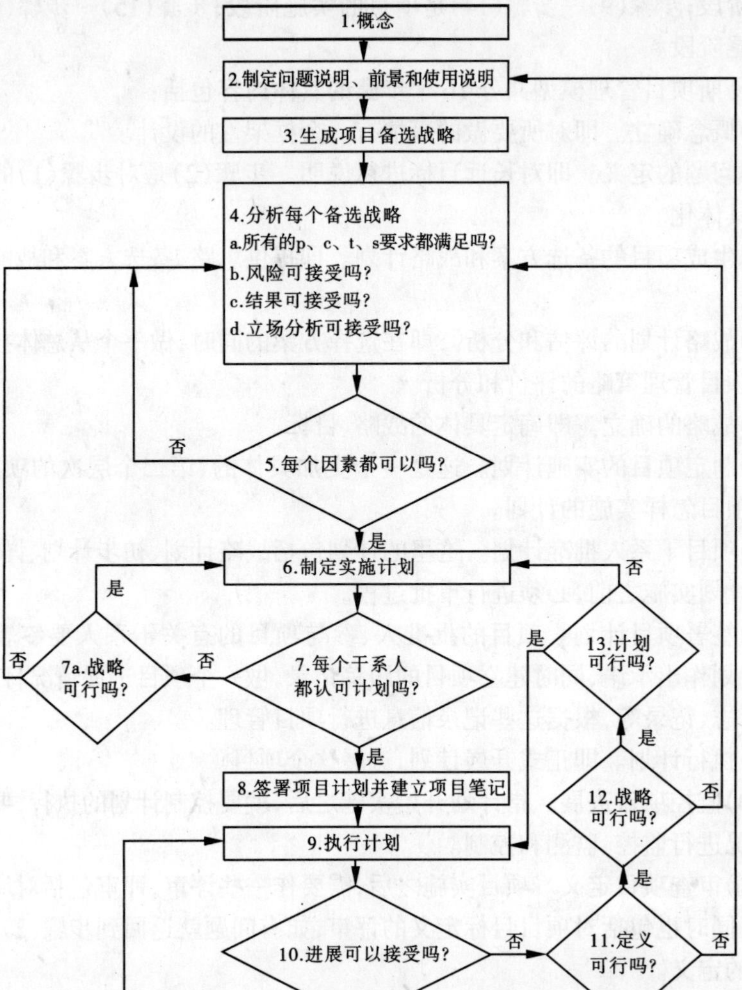

图 6-9　刘易斯项目管理模型

(16)结束项目。

这是一个完整的项目管理流程,从这个流程可以看到整个项目战略计划实际上是在制定项目的详细计划和实施计划之前。在项目计划的时候,首先要有一个总体的战略计划,在总体的战略计划指导下再开展具体的项目计划。

刘易斯模型描述了一个项目在它的生命周期中所要进行的全部活动。按照刘易斯模型对项目进行管理,可以避免在项目中可能发生的一些普遍性问题。

6.4　IT 项目的风险管理

信息技术是当今世界上发展变化速度最快的技术。组织在信息技术上投资额度大,更充满了风险。在 IT 项目管理的最初阶段,项目决策的重点都放在成本与进度上,而对项目的风险不够重视。

6.4.1　IT 项目的风险管理

6.4.1.1　风险

风险是指对无法达到预定目标的可能性和结果的一种评测。一般都认为,风险包涵着不确定性。例如,在规定的预算范围内,某一种电脑是否能被生产出来？在规定的时间之内,信息系统能否按计划面世？

对于某个既定事件而言,风险包含两个要素:

(1)事件发生的可能性;

(2)事件发生所带来的后果。

我们可以用图 6-10 表示风险的两个构成要素。

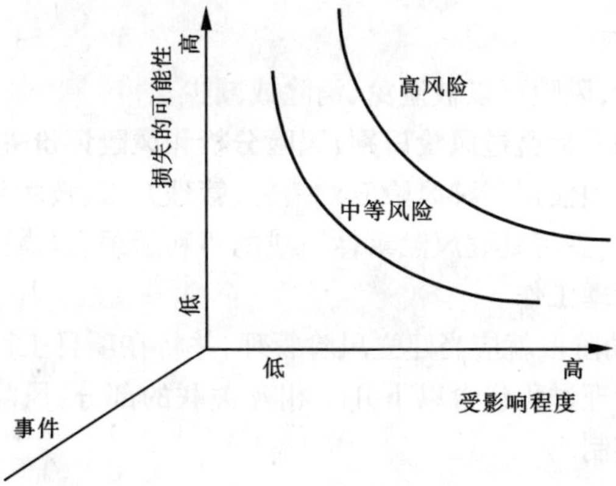

图 6-10　风险与其组成

从概念上来说,每个事件的风险都是“可能性”和“影响”的函数,即

$$风险 = F(可能性,影响)$$

一般来说,当“可能性”和“影响”两个自变量中的任一个增加时,风险也会增加。因此,风险管理中必须考虑到“可能性”及“影响”两个因素。

不同的人对风险的容忍度是不同的。如图 6-11 反映了常见的关于风险容忍度的三种类型:风险规避型、风险中立型和风险喜好型。图中,横轴“潜在回报”代表从承担风险中得到的满足和愉悦程度,纵轴“效用”则表示所涉及到的暴露在风险之中的货币价值。对于风险规避者来讲,效用的增长速度是逐渐递减的,换句话说,有风险的金钱额度越高,其风险容忍度越低。风险规避者比较喜欢确定性的结果。而对于风险喜好者来说,他的风险容忍度则随金钱暴露在风险中的额度的增大而逐渐提高,也就是说一个风险喜好者喜欢更多不确定性的结果,并且经常愿意为冒险而付出代价。风险中立者在两者之间取得平衡。

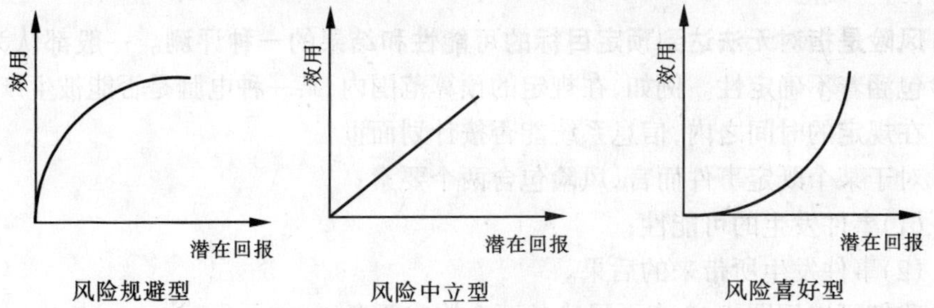

图 6-11　风险偏好和效用函数

6.4.1.2　风险管理

如果管理得当,风险可以被避免、消除或减少。

项目风险管理是指通过风险识别、风险分析和风险评价去认识项目的风险,并以此为基础合理地使用各种风险应对措施、管理方法、技术和手段对项目的风险实行有效的控制,妥善处理风险事件造成的不利后果,以最少的成本保证项目总体目标实现的管理工作。

IT 项目的启动阶段就应当建立风险管理,并将在项目工期内所发生的风险记录在案。风险管理过程包含以下几个相互关联的部分:风险计划、风险评估、风险处理和风险控制。

1)风险计划

在该阶段,管理者应研究并以文字的形式形成一套易掌握、条理清楚并具有互动性的原则和方法。这些原则和方法主要用来识别并跟踪风险,研究处理风

险的方案，持续地评估并分析风险的改变，以及合理分配资源。

2)风险评估

该阶段主要包括风险识别及风险分析。风险识别过程要对各个领域进行检查，以便发现风险并记录下来；风险分析过程要对每一项已经识别出的风险事件进行检查以便精确地描述风险，分析风险产生的原因并确定风险结果。

3)风险处理

该过程包括了风险识别、评价、选择，实行各种处理方法以将风险控制在项目的约束和目标范围之内。该阶段由以下问题组成：谁去执行？什么时间完成？谁负责？相关的成本和进度如何？风险的处理方法包括承担、规避、控制及转移等。选择了合适的处理方法后，还要为此设计出相关的方案。

4)风险控制

该阶段是对风险处理行为的系统化的追踪和评价过程，通过对监控信息的反馈和不断对风险的处理方法进行调整和改善，使其适应项目的发展。

风险在整个项目周期中是一个动态的概念，在整个项目过程中，必须坚持持续不断地进行风险管理，跟踪风险变化的状态，驾驭风险以避免损失。

风险管理是整个项目管理的一个部分，其目的是保证项目总目标的实现。从项目的进度、质量和成本目标来看，风险管理和项目管理的目标是一致的，即通过风险管理来降低项目进度、质量和成本方面的风险，实现项目管理的目标；从项目计划的职能来看，风险管理为项目计划的制定提供了依据。项目计划考虑的是未来，而未来必定存在着不确定因素，风险管理的职能之一就是减少项目整个过程中的不确定性，这更有利于计划的准确执行。而且，从项目实施过程来看，不少风险都是在项目实施过程中由潜在变为现实的。风险管理就是在风险分析的基础上，拟定出具体应对措施，以消除、缓解和转移风险，利用有利机会避免产生新的风险。风险管理应该是一项主动性很强的管理工作。例如，某一项网络工程需要开发一种新技术，该工程所要求的进度为 6 个月，但项目设计者却认为 9 个月的时间更接近实际情况。如果项目管理者是主动反应型的，他会马上拟订一份处理风险的计划。如果项目管理者是被动反应型的，他就有可能无动于衷，直到有风险事件发生。到那时项目管理者必须快速作出反应，但可能因为失去了大量宝贵的时间，一些风险事故已经发生。因此，风险管理应尽可能减小某个风险事件发生的可能性。一旦发生，则应当尽力缩小它的影响范围。

6.4.2 IT 项目的一般风险来源

6.4.2.1 IT 项目共同的风险

一些研究表明，IT 项目有一些共同的风险来源。例如，斯坦迪什集团

(Standish Group)对1995年的“混沌”研究进行了一项后续研究，该项研究被称做“未完成的航行”。该项研究将60位信息技术专业人员召集在一起，来详细说明如何评价某一IT项目是否成功。表6-3列出了该研究得出的判断IT项目是否成功的标准，给出了判断项目是否成功的标准因素，表中权重表明这些因素在判断项目是否成功中所占的相对重要程度。

表6-3 判断IT项目是否成功的标准

成功的标准	权重(%)
用户参与	19
高层管理的支持	16
明确的需求说明书	15
适当的计划编制	11
切合实际的预期	10
更小的项目里程碑	9
胜任的工作人员	8
所有权	6
清晰的前景和目标	3
努力工作、专注的工作人员	3
总　计	100

斯坦迪什集团针对表中判断是否成功的标准因素，提供了相对的具体问题，用以帮助确定给某一项目分配的分数。例如，对于“用户参与”标准，列出了下列五个问题：

(1)我有合适的用户吗？

(2)我是否尽早并且经常地让用户参与到系统中去？

(3)我是否与用户建立了良好的关系？

(4)我是否方便了用户的参与？

(5)我是否发现了用户需要什么？

如果能肯定地回答上面五个问题当中的一个，就给“用户参与”加3.8分。

6.4.2.2 与IT项目相关的其他风险

1)市场风险

如果IT项目是生产新产品和服务的项目，那么产品和服务对组织有用吗？

能销售出去吗？用户会接受并采用这一产品和服务吗？还有没有其他人比我们能更快、更好地发明新产品和服务，而使我们的这一项目变得既浪费时间又浪费金钱？

2)财务风险

组织有能力承担这一项目吗？项目干系人进行财务预算是否合适？项目是否满足净现值(NPV)、投资收益率(ROI)和汇报估计？如果不能满足这些指标，组织还有能力继续进行该项目吗？该项目是否是利用公司资金资源的最好途径？

3)技术风险

该项目在技术上可行吗？软件、硬件和网络功能是否合适？是否有相应的技术来满足项目目标？在产品生产出来之前，该技术会过时吗？

在IT项目当中，许多项目由于技术风险而失败了。某一位项目经理从一个大型的技术项目中吸取了一个重要的教训：应首先将重点放在技术上，而不是商业需求上。例如，该项目经理承担了一个项目，为他的公司提供了新的基于客户/服务器模式的人力资源管理信息系统。在花费了两年时间和几十万美金之后，项目经理和他的团队最后承认，他们失败了。在一篇文章当中，该项目经理解释道，他过于热衷前沿的先进技术，从而使项目冒太大的技术风险。公司最后决定采用一种更加成熟的技术来满足公司的商业需求。

如果从IT项目的技术含量、结构化程度、项目规模三方面去分析IT项目的风险程度，那么，技术含量越高、结构化程度越低、项目规模越大的IT项目其风险越大；技术含量低的小规模项目，其风险较小。如表6-4所示。

表6-4　IT项目的风险程度

技术含量	结构化程度	项目规模	风险程度
高	高	大	中等
高	高	小	中下等
高	低	大	很高
高	低	小	高
低	高	大	低
低	高	小	很低
低	低	大	低
低	低	小	很低

6.4.3 IT项目风险管理的工具

6.4.3.1 十大风险事项追踪

十大风险事项追踪是一种在整个项目生命期内保持风险意识的工具。它要求项目人员与管理部门或用户一起，定期审查项目最重大的风险事项。这种审查开始于对项目十大风险来源的状况进行的总结。总结包括各风险事件目前的排名、以前的排名、在一段时间内出现在列表上的次数以及自从上次检查以来解决这一风险事项所取得的进展情况。

表6-5是一个用在IT项目管理审查会议上的十大风险事项追踪表的例子。在这个例表中只列出了前5位的风险事件。需要注意的是，各风险事件都是根据当前月份、以前月份以及它在十大风险事件中出现的月份数来排序的。最后一列说明解决某个特定风险事件所取得的进展。

表6-5 十大风险事项追踪表

风险事项	月排序			风险解决方案
	本月	上月	月份数	
增加需求	1	2	4	利用用户界面原型来收集高质量的需求； 将需求置于明确的变更控制程序之下； 使用分阶段交付的方法以提供在适当的时候改变需求的能力
拙劣的范围界定	2	3	3	与项目客户和项目发起人共同开会来澄清项目范围
领导不得力	3	4	2	先前的项目经理被停职，中心指派新的项目经理领导该项目
拙劣的成本估算	4	7	3	修订成本估算
无法按进度表完成	5	1	3	避免在完成需求分析之前制定进度表； 在早期对进度表进行评审，以发现并解决问题； 在项目进行过程中，要对进度表反复估计； 制定分阶段交付计划，先交付只具备部分功能的系统
……	……	……	……	……

风险管理审查会议的作用很多。首先，它使项目管理者和客户认识到是哪些因素阻止了项目的成功。其次，通过客户的参与，项目团队能够考虑一些降低风险的备选方案，例如，为了达到成本和进度要求，可以将一些工作推迟到以后的子项目，从而缩小项目的范围。而且，风险管理审查会议也是一种增加项目管

理团队信心的手段，因为通过这种审查，向高层管理部门和用户表明项目团队已经意识到了那些重大的风险，已经及时建立了减轻风险的策略，并正在有效地实施这些策略。

6.4.3.2　EMV 分析

预期货币价值(Expect Money Value，EMV)是用于风险量化的常用工具。风险量化是一种评价风险的过程，以评估风险对项目结果的影响范围。风险量化过程包括估计各风险发生的概率、估计它对项目的影响、降低各风险可能采取的战略等。通过量化风险，项目经理能够按顺序排列风险，并建立一个阈值，以决定哪种风险应受到重视。量化风险的常用技术除了期望货币价值分析之外，还包括风险因子计算、PERT 估计、模拟和专家判断等。

EMV 是风险事件概率和风险事件货币值的乘积。使用 EMV 时，必须估计某事件发生的概率。概率通常由专家进行估计。

下面是 EMV 用于信息系统项目风险管理的一个例子。

某公司面临着两个信息系统项目的选择。这两个信息系统项目发生的概率和所获得的收益如图 6-12 所示(负号代表损失)。赢得项目 1 的概率是 20%，该项目会有 300 000 元的利润。而得不到项目 1 的可能性有 80%，且会有 40 000 元的损失，因为公司有一些前期的投入，一旦拿不到项目，这些投入得不到收益，就是公司的损失。

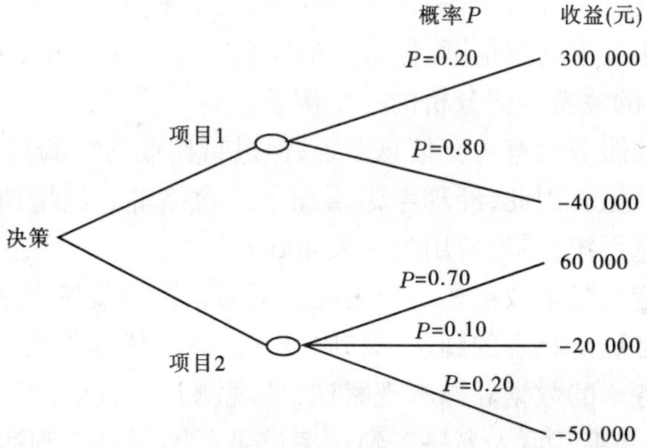

图 6-12　某公司选择信息系统项目的 EMV 分析

从图 6-12 中可以看到项目 2 的概率和所获得的收益。对于项目 2，有 20% 的概率将会损失 50 000 元，有 10% 的概率将会损失 20 000 元，有 70% 的概率在项目 2 上会赢得 60 000 元。

要注意的是使用 EMV 分析时，同一项目的所有可能的情况出现的概率加起来必须是 100%。

期望货币价值估计了决策的全部货币值,所以期望货币价值越高越好。

将同一项目的风险事件概率和风险事件货币值的乘积相加,即为该项目的期望货币价值。

项目 1 的期望货币价值为

$$0.2\times 300\,000+0.8\times(-40\,000)=28\,000(\text{元})$$

项目 2 的期望货币价值为

$$0.2\times(-50\,000)+0.1\times(-20\,000)+0.7\times 60\,000=30\,000(\text{元})$$

从上面的计算可以看到,两个项目的期望货币价值都是正值,那么公司有可能同时投标两个项目。如果公司不得不在两者之间作出选择,公司可能会选择项目 2,因为它有一个相对高的期望货币价值。

6.4.3.3 蒙特卡洛分析

蒙特卡洛(Monte Carlo)分析通过多次模拟一个模型的结果,从而提供计算结果的概率分布。蒙特卡洛分析的一般步骤如下:

(1)评估所考虑变量的范围,并确定各变量的概率分布。也就是收集模型中最可能的、乐观的、悲观的估计值,并决定各变量在各估计值间的概率。

(2)对于各种变量来说,根据变量发生的概率分布,选择一个随机值。

(3)利用每个变量选定的数值组合,进行确定性分析,或一次通过模型。

(4)多次重复步骤(2)和步骤(3),获得各结果的概率分布。重复次数取决于变量的个数和结果中要求的置信度,但重复的次数一般在 100 和 1 000 之间。

下面是 IT 项目的蒙特卡洛分析的一个例子。

某个服务中心的服务台有一套信息系统,但进行作业的终端只有一台,服务台前常常有等候的队伍。因此,经理考虑增加第二台终端。但增加第二台终端需要修改原有的信息系统,平均费用为一天 400 元。

经理的这个决定会带来收益还是损失呢?下面来进行蒙特卡洛分析。

分析的第一步是确定顾客的到达率和服务率。通过样本观察的办法可以获得有关到达率和服务率的数据。样本观察法,即观测在给定的时间内顾客到达及接受服务的情况,并将其填入表格。到达率记录了不同顾客到达的前后间隔时间及到达次数,服务率则记录了总的服务人数及对每一位顾客所花费的服务时间,表 6-6、表 6-7 记录了所有的数据,并将其转化为不同顾客到达时间间隔频率(到达率)分布图和服务时间频率(服务率)分布图,如图 6-13、图 6-14 所示。从这几个图表中可以看到,一开始有 15 位顾客同时到达店堂,有 18 位顾客到达时间与上一位顾客到达时间间隔 16 分钟。服务率也照此计算,有 15 位顾客都需要 14 分钟的服务,20 位顾客需要 18 分钟的服务等。

表 6-6　到达率

不同顾客到达时间间隔(分钟)	发生次数
0	5
5	7
8	1
10	9
12	12
15	20
16	18
18	10
20	9
25	5
30	4
合计	100

表 6-7　服务率

柜台服务时间(分钟)	发生次数
10	5
12	10
14	15
16	20
18	20
20	15
22	15
合计	100

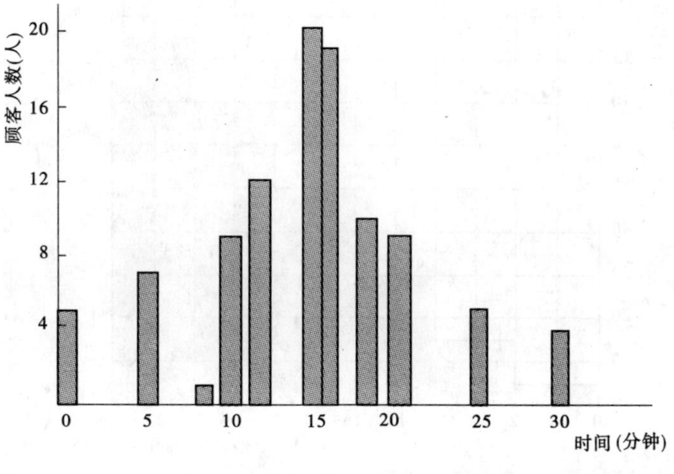

图 6-13　到达率分布

第二步是将有关顾客到达和接受服务的数据记入累计分布表,在累计分布表中每个数只对应一个到达率和服务率,通过对 100 个观察对象的观察,得到的结果如图 6-15、图 6-16 所示。先看图 6-15 中关于服务的数据:有 5 位顾客需要 10 分钟服务,用数字 1～5 表示;有 10 位顾客需要 12 分钟的服务,可以用数字

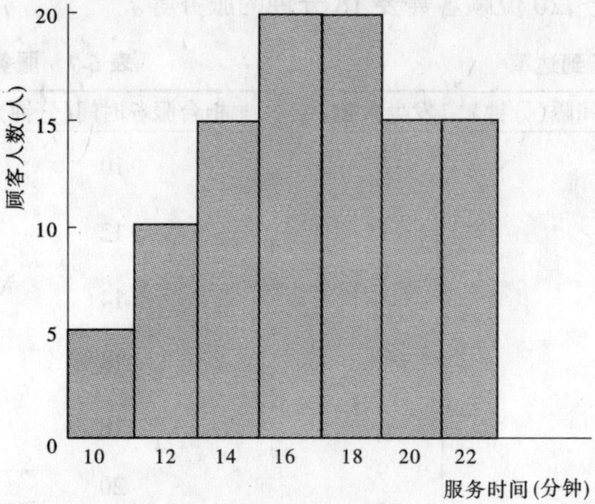

图 6-14 服务率分布

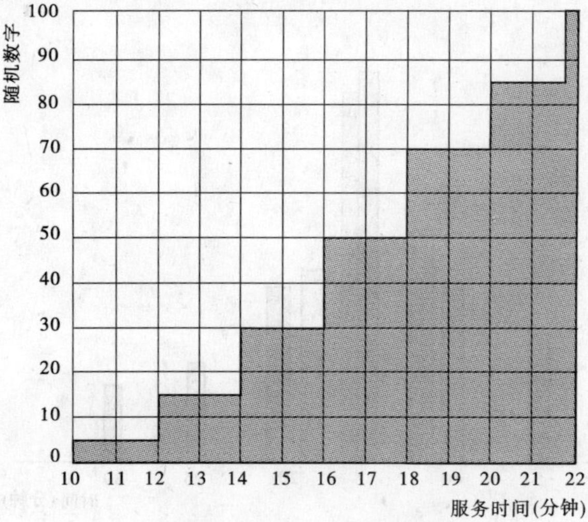

图 6-15 服务时间随机数字阶梯函数

6～15表示；同样的，数字 16～30 代表了 15 位顾客需要 14 分钟服务，其余的数据都可以用这种表示方法来处理，最后形成了累计的分布表格。

第三步是产生一组随机数字并进行分析，如表 6-8 所示。随机数字既可以从随机数字表中抽取，也可以通过计算机获得。这些随机数字用于图 6-13 和

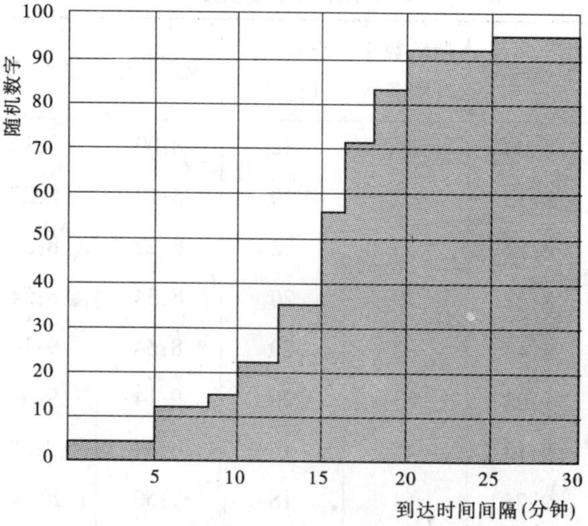

图 6-16　客户到达时间间隔随机数字阶梯函数

图 6-14中的模拟。在 1～100 之间抽取了一组随机数字：1、8、32、1、4、15、53、80、68、82，共 10 个。这些数字被分成两组，每组的第一个数字代表到达时间，第二个数字代表服务时间。从图 6-16 可以看到，1 对应的到达率为 0。从图 6-15 可以看到，8 对应的服务时间是 12 分钟。假设服务中心从 8 点开始营业，第一位顾客恰在此时进入。第二组数字为 32 和 1，32 对应 12 分钟，即第二位顾客在 8 点 12 分左右进店。1 对应 10，即第二位顾客需要 10 分钟服务。但因为第一位顾客 8 点 12 分离开，所以第二位顾客无须等待。但第三位顾客就不同了，他与第二位顾客同时到达，需要 12 分钟的服务，第二位顾客大约在8 点22 分离开，因此第三位顾客需要等待 10 分钟。第三位顾客接受服务在 8 点 34 分离去，此时第四位顾客已经等待了 7 分钟。依次类推，这个过程重复进行，16 位顾客的到达时间及接受服务时间情况如表 6-8 所示。

第四步是对数据进行最后分析。表 6-8 中显示的数据描述了在前约 4 个小时中 16 位顾客的情况，可以看到约 4 个小时中的顾客总等待时间为 230 分钟，服务中心营业 10 小时，所以可以推断一天当中顾客等待的时间为 575 分钟。假设每小时损失 40 元，每一天因顾客等待的损失为 383 元。设立第二个服务台平均每天成本为 400 元。因此，在本例中，从经济成本上考虑，经理宁愿让顾客等待而不增加第二台终端。

表 6-8　单排队蒙特卡洛模拟

随机数字（到达）	到达时间间隔(分钟)	到达时间	随机数字（服务）	服务时间（分钟）	服务开始	服务结束	等待时间（分钟）
1	0	8:00	8	12	8:00	8:12	0
32	12	8:12	1	10	8:12	8:22	0
4	0	8:12	15	12	8:22	8:34	10
53	15	8:27	80	20	8:34	8:54	7
68	16	8:43	82	20	8:54	9:14	11
87	20	9:03	83	20	9:14	9:34	11
17	10	9:13	47	16	9:34	9:50	21
32	12	9:25	64	18	9:50	10:08	25
99	30	9:55	10	12	10:08	10:20	13
72	16	10:11	39	16	10:20	10:36	9
82	18	10:29	41	16	10:36	10:52	7
7	5	10:34	65	18	10:52	11:10	18
30	12	10:46	92	22	11:10	11:32	24
77	18	11:04	32	16	11:32	11:48	28
96	25	11:29	82	20	11:48	12:08	19
30	12	11:41	41	16	12:08	12:24	27
总等待时间	230 分钟						

注：以上情景分析部分数据来自 Project Management：a system approach to planning，scheduling，and controlling。

第七章　信息系统工程建设监理

近期，信息产业部相继发布了《信息系统工程监理暂行规定》、《信息系统工程监理单位资质管理办法》和《信息系统工程监理工程师资格管理办法》。这些规定和办法是信息产业部按照职责分工，根据国务院颁布的《质量振兴纲要》和国务院关于加强质量工作的政策、规定，以及国务院关于加强信息化工程及电子政务工程建设管理的相关规定和要求，在进一步完善计算机信息系统集成资质管理体系的基础上，建立的一项保证信息系统工程建设质量的监理制度。

7.1　信息系统建设监理的含义

7.1.1　信息系统建设开展监理工作的重要性

我国加入世界贸易组织后，面临新的机遇与挑战，信息化对提升国家竞争力的作用日益显现。为保持一定的竞争能力，信息系统工程建设市场发展迅猛，信息化建设的投入进一步加大。

信息系统工程建设具有投资大、周期长、风险高等特点，科技含量高，涉及领域广；而且在信息系统工程建设中，很多建设(业主)单位，包括政府部门，在实施电子政务过程中，存在的一个问题是：了解和熟悉信息技术的人才不多，缺乏自身对信息系统工程控制能力，这就使得业主和承建单位在信息系统工程建设中存在严重的信息不对称，很难保证工程的有效性、安全性和可靠性，所以许多业主单位提出了迫切的要求，希望由专业的第三方监理单位对信息系统工程进行监理。

国内外的实践表明：信息化是有风险的，信息系统规模越大、功能越复杂，风险也就越大。英国 Kalido 于 2001 年 12 月 12 日公布了由美国 Harte－Hanks 以全球 500 强企业以及财富 1000 企业中的 171 家公司为对象通过问卷方式实施的有关企业信息管理的调查结果，调查对象中 40％以上的企业年交易额超过 20 亿美元。调查显示，96％的企业对于本公司的信息管理系统感到不满。对于目前正在使用的信息系统，70％的企业认为其“制作的报告缺乏一贯性”或者是“核对信息花费了太多时间”。

目前，在我国信息系统工程项目建设风险大，建设市场还需要进一步规范。为了减少信息系统工程建设的风险，规范信息系统工程建设市场，维护业主和承建单位双方利益，对信息系统工程建设进行有组织、规范化的监理就显得更加迫切和重要。国家重点的信息系统工程,尤其是重点的电子政务工程,更是需要有相应资质的监理单位实施监理,才能保证信息系统工程投资的质量和效益。

目前,国家电子政务工程有上千亿元人民币的投入,在电子政务工程建设中安全和质量是最为重要的,由具备相应资质的监理单位实施监理是保证政府投资的有效性和安全性的一种重要手段。

因此,在信息系统工程建设中实施监理制度是极为必要的,这也是提高信息系统工程建设项目投资效率、工程质量、技术性能的可靠保证。

信息产业部从2000年1月1日起对计算机信息系统集成企业开展了资质认证工作,规范信息系统工程建设单位的准入资格,对提高信息系统工程质量起到了较大的作用,得到社会有关方面的广泛认可。因此,在继续做好计算机信息系统集成资质认证工作的基础上实施信息系统工程监理制度,对工程监理单位资质和监理工程师资格进行管理,是非常可行的,并将进一步完善我国信息系统工程建设管理体系。

信息产业部在制定《信息系统工程监理暂行规定》、《信息系统工程监理单位资质管理办法》和《信息系统工程监理工程师资格管理办法》的过程中,对信息系统工程建设中的业主单位、承建单位和开展监理业务的有关单位进行了充分的调研,认真分析了信息系统工程的特点,充分考虑了我国信息系统工程建设的实际情况,借鉴了在工程中实施项目管理的有关知识和信息产业部已经成功实施的计算机信息系统集成资质管理的模式,并参考了国外开展此项工作的许多经验。因此,以上规定和办法的发布实施必将为确保各类信息系统工程建设的质量、为进一步推进我国国民经济和社会信息化工作起到积极的作用。

随着信息系统工程建设市场的迅猛发展,国内已涌现出一大批有信息系统工程监理经验和较强专业实力的公司,许多从事信息系统工程监理的专业人员也逐步成长起来。所以,发布实施以上规定和办法可以进一步规范监理单位和相关从业人员的行为,提高监理服务的水平和能力,这样才能使监理活动健康有序地发展,从而为信息化建设提供保证。

7.1.2 信息系统工程监理的含义

按照信息产业部的《信息系统工程监理暂行规定》,**信息系统工程监理是指依法设立且具备相应资质的信息系统工程监理单位,受业主单位委托,依据国家有关法律、法规、技术标准和信息系统工程监理合同,对信息系统工程项目实施的监督管理。**

从《信息系统工程监理暂行规定》中可以看到,信息系统工程监理有以下三个方面的含义:

(1)信息系统工程监理是信息系统工程的一种社会治理结构,信息系统工程监理具有政府推动与支持方面的政策性,具有制衡与监督作用。

(2)信息系统工程监理的角色与任务是作为独立的第三方机构,为信息系统工程项目提供规划与组织、协调与沟通、控制与管理、监督与评价等方面的服务。

(3)信息系统工程监理的目标是支持、保证信息系统工程项目的成功。

按照信息产业部的《信息系统工程监理暂行规定》,以下项目应当实施监理:

(1)国家级、省部级、地市级的大中型信息系统工程项目。

(2)国家政策性银行或者国有商业银行规定使用贷款需要实施监理的项目。

(3)涉及国家安全、生产安全的信息系统工程项目。

(4)其他需要实施监理的项目。

《信息系统工程监理暂行规定》中对监理活动的主要要求有以下方面:

(1)信息系统工程监理可由业主单位直接委托具有相应资质的监理单位承担,也可以采用招标方式选择监理单位。

(2)监理单位承担监理业务,应当与业主单位签订信息系统工程监理合同,监理合同中应当明确监理的范围、内容和标准,合同双方的权利和义务,监理费用的计算与支付,违约责任及争议处理方式等。

(3)监理单位应当在实施监理活动前,依据合同约定的监理范围和内容,编制监理计划,并经业主单位确认后实施。

(4)监理单位应当将监理活动的情况定期地或者按计划、分阶段地向业主单位提交监理报告,重大情况应当及时报告。

(5)业主单位、承建单位等被监理单位和监理单位在监理活动中产生的争议,可以依据合同相关条款协商解决,或者依据合同申请仲裁,或者向人民法院起诉。

(6)信息产业部对开展信息系统工程监理业务的单位实施资质管理。监理单位资质分为甲、乙、丙三级。

7.1.3　信息系统监理在国内、国外的发展

7.1.3.1　国外相关行业发展概述

国外的建设监理是指咨询顾问为建设项目业主所提供的项目管理服务。

国际上对信息系统建设而言,信息系统审计已经发展成为较完善的行业监督体系。

信息系统审计(IS Audit)目前还没有惟一、通用的定义,美国信息系统审计的权威专家 Ron Weber 将它定义为:**“收集并评估证据以决定一个计算机系统(信息系统)是否有效做到保护资产、维护数据完整、完成组织目标,同时最经济**

地使用资源。"信息系统审计的目的是评估并提供反馈、保证及建议。

国际信息系统审计与控制协会(Information System Audit and Control Association,ISACA)是惟一有权授予国际信息系统审计师资格的跨国界、跨行业的专业机构。该协会成立于1969年,总部在美国的芝加哥。ISACA目前在世界上100多个国家设有160多个分会,现有会员两万多人。信息系统审计领域惟一的职业资格是注册信息系统审计师(Certified Information System Auditor,CISA)资格由ISACA授予,受到全世界的广泛认可。1978年以来,CISA认证已经成为在信息系统审计、控制与安全专业领域中取得成绩的标准,并得到了全世界的公认。

信息系统审计与控制协会(ISACA)在1996年公布的《信息及相关技术的控制目标》(Control Objectives for Information and Related Technology, COBIT)被国际上公认是最先进、最权威的安全与信息技术管理和控制的标准,目前已经发布第三版。该标准体系已在世界100多个国家的重要组织与企业中运用,指导这些组织有效地利用信息资源,有效地管理与信息及相关技术相关的风险。

COBIT框架包括四大部分:架构、控制目标、审计指南及执行概要。COBIT的架构着重于各项处理的高层次控制,它的控制目标则着重于各项IT处理或该架构所包括的34个高层控制目标,每一个IT高层控制目标都有5～25个详细控制目标。控制目标使整体架构和详细控制目标密切对应,相互一致。详细控制目标有18种主要来源,涵盖现行的及法定有关IT的国际性准则与规定。这包括对各项IT工作所制定的控制程序拟达到的预期结果或目标的叙述,以提供全球所有的产业有关IT控制的明确方针及实际最佳的应用。

COBIT包含的34个高层控制目标和318个细节控制目标可归为四个控制域:规划和组织(Planning and Organization)、获得和实施(Acquisition and Implementation)、交付与支持(Delivery and Support)以及信息系统运行性能监控(Monitoring)。其模型如图7-1所示。

7.1.3.2 国内行业发展概述

我国信息系统工程的监理工作起步较晚,现在的许多思想受到我国建设工程监理的影响。

1988年7月我国建设部发布了《关于开展建设监理工作的通知》,1988年11月印发了《关于开展建设监理试点问题的若干意见》。1989年,根据初步试点取得的经验,建设部制定了《建设监理试行规定》,这是我国第一个比较完备的关于工程建设监理的法规文件,建立了具有我国特色的工程建设监理制度的初步框架。1991年又分别制定颁发了《建设监理单位资质管理试行办法》和《监理工

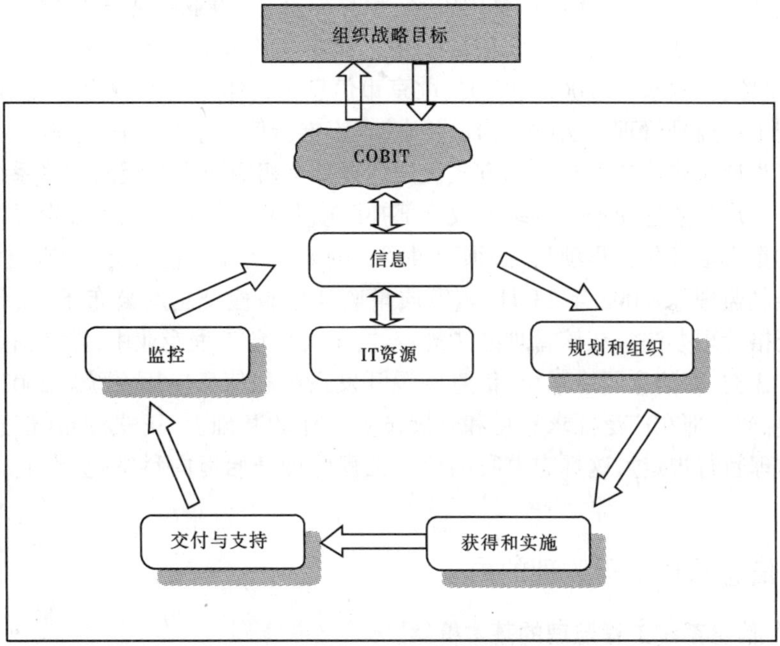

图 7-1　ISACA 的 COBIT 模型

程师资格考试及注册试行办法》,建设监理法规制度进一步配套完善,开始推行建设工程监理制度,监理事业得到持续快速发展,从而积累了一定经验,取得了积极的成效。建设监理发展到如今,已经建立了一套比较完整的监理法规体系,组成了一支规模较大的监理队伍,监理出一批优良的工程项目,监理工作在工程建设中发挥了重要作用,得到了各级领导的支持,得到了社会的普遍认可,正逐步走向规范化、制度化和科学化。

而我国信息系统工程的建设、信息化推进过程中,不同程度地存在一些问题,因此迫切呼唤第三方信息系统工程监理的出现。

在 1995 年,原电子工业部就出台了《电子工程建设监理规定(试行)》。1996 年,深圳市成立了全国第一家信息工程质量监督机构——信息工程质量监督检验总站。1998 年,西安协同软件股份有限公司经西安技术监督局和西安市科委批准,获得"计算机管理信息系统工程监理"资质认证,成为国内第一家获此资格的公司。1999 年 6 月,深圳市政府在国内率先出台了包括实施信息工程监理条款在内的《深圳市信息工程管理办法》,并要求我国首届国际高新技术成果交易会信息网络工程实施监理。2000 年 7 月,深圳市信息化建设委员会办公室制定了《深圳市信息工程建设管理办法实施意见》,要求"市、区、镇人民政府及其所属部门使用财政性资金(包括预算内资金、预算外资金、事业收入等),投资规模在100万元以上的信息工程建设项目必须遵照本实施意见进行立项、招投标、监理、质量监督、验收"。2002年7月,北京市信息化工作办公室制定了《北京市信息系统工程监理管理办法(试行)》,要求"本市推行信息系统工程监理制度,建设单位应当通过协议或者招标的方式优先选择具有相应资质等级的信息系统工程监理单位承担监理业务。各级财政全部补助或者部分补助以及为社会提供公共服务的重大信息化工程项目,必须通过招标的方式选择信息系统工程监理单位,实行强制监理"。2002年11月,国家质量监督检验检疫总局公布了《设备监理单位资格管理办法》,在该管理办法规定的21类设备工程专业中,涉及信息工程的共有3类,即信息网络系统、信息资源开发系统和信息应用系统。2002年12月,信息产业部在广泛征求意见和开展试点工作的基础上,正式颁布《信息系统工程监理暂行规定》,这标志着我国信息工程监理开始迈向科学化、专业化和规范化。

7.2 信息系统工程监理的内容

7.2.1 信息系统工程监理的基本框架

信息系统工程建设监理的基本框架的建立是向建设监理体系学习的结果。同建筑行业的建设监理体制一样,信息工程建设监理的框架体制同样采用的是"一个体系、两个层次"。

7.2.1.1 一个体系

一个体系即在组织上和法规上形成一个社会信息系统工程监理的开放系统。

信息系统监理一方面需要政府在组织机构和手段上加强及完善对信息工程建设过程的监督与控制,另一方面需要施行社会监理的开放体制。社会监理工作应该自成体系,有独立的思想、组织、方法和手段,做到"公平、公正、公开、依法"。

7.2.1.2 两个层次

两个层次即宏观层次和微观层次。

宏观层次指的是政府监理管理层。也就是由政府机构制定法规,对信息系统工程项目行使强制性的监督管理权力,并对社会信息系统建设监理单位进行审批、考核、监督、管理,对监理工程师的资格进行审批、考核、管理。

微观层次包括社会上经有关部门登记并许可的监理公司和业务范围包括监理业务的相关单位。作为独立的第三方机构,这些专业化的监理单位经由有关机构确认、批准并获取资格证书，遵循国家政策法规、国内外相关标准，遵循独立、公正、科学的准则，为信息系统工程提供优良的监理服务。

7.2.2　信息系统工程监理的内容

信息系统工程监理的主要内容是对信息系统工程项目的质量、进度和投资进行监督，对项目合同和文档资料进行管理，协调有关单位间的工作关系。信息系统工程监理模型如图 7-2 所示。

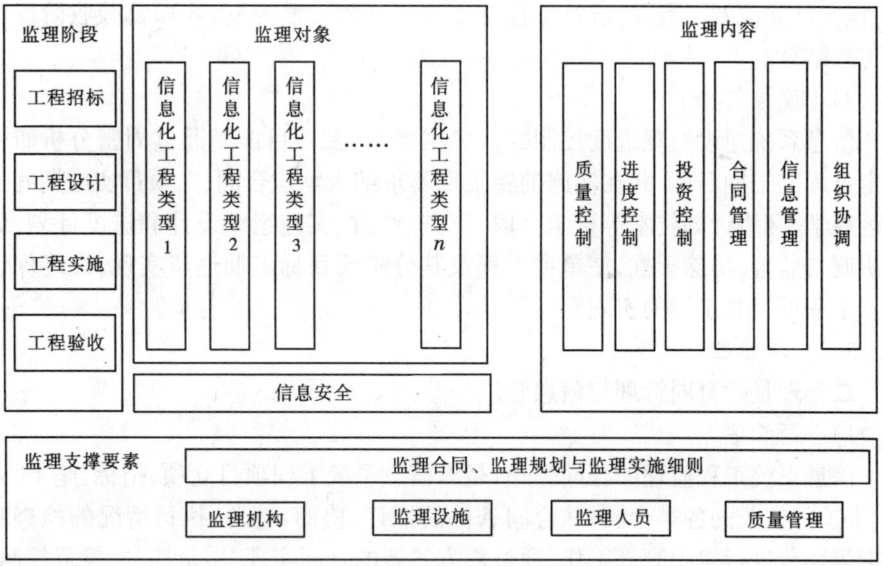

图 7-2　信息系统工程监理模型

信息系统工程监理的内容可以概括为三控制、二管理、一协调。

7.2.2.1　三控制

质量控制、投资控制、进度控制是信息系统工程监理的三大目标。

控制是现代经济活动中一种必不可少的重要管理活动。在管理理论中，控制通常是指管理人员按计划标准来衡量所取得的成果，纠正实际过程中所发生的偏差，以保证预定的计划目标得以实现的管理活动。

1)质量控制

信息系统建设监理质量控制贯穿信息工程项目的全过程，覆盖了可行性研究、设计、实施、验收、投入使用以及系统运行维护等阶段，主要包括组织设计方案评比，进行设计方案磋商及方案审核，控制设计变更；在实施前审查承建单位资质等；在项目实施中通过多种控制手段检查监督标准、规范的贯彻；通过阶段验收和竣工验收把好质量关等。

2)投资控制

信息系统建设投资包括硬件投资、软件投资、附属设备投资等。

信息系统建设监理投资控制的任务主要是:在实施前期进行可行性研究,协助承建单位正确地进行投资决策;在设计阶段对设计方案、设计标准、总概(预)算进行审查;在项目准备阶段协助确定标底和合同造价;在实施阶段审核设计变更,核实已完成的工程量,进行工程进度款签证和索赔控制;在项目验收阶段审核工程结算。

3)进度控制

信息系统建设监理进度控制的任务主要是:在项目前期通过周密分析研究确定合理的工期目标,并在实施前将工期要求纳入承包合同;在项目实施期间通过运筹学、网络计划技术等科学手段,审查、修改、实施组织设计和进度计划,做好协调与监督,排除干扰,使单项工程及其分阶段目标工期逐步实现,最终保证信息工程项目总工期的实现。

7.2.2.2 二管理

二管理是指合同管理与信息管理。

1)合同管理

信息系统工程监理的合同管理,是对信息系统工程项目立项、招标、施工、开发、维护等有关的各类合同,从合同条件的拟订、协商、签署、执行情况的检查和分析等环节进行组织管理工作,通过双方签署的合同实现"质量控制、投资控制、进度控制"三大控制目标,同时也维护业主与承包商双方的正当权益。

合同管理的监理工作包括以下部分:

(1)建立信息系统建设项目的合同管理制度,其中包括合同草案的拟订、会签、协商、修改、审批、签署、保管等工作制度及流程。

(2)协助业主拟订对信息系统工程建设项目的各类合同条款。

(3)及时分析合同的执行情况,并进行跟踪管理。

(4)协助业主处理预备项目有关索赔及合同纠纷事宜。

2)信息管理

信息管理在信息系统监理中具有十分重要的作用,它是监理工程师控制信息系统监理三大目标的基础。

信息系统监理信息具有来源广泛、信息量大、动态性强等特点。信息系统监理信息可能来自业主单位、承建单位以及监理组织内部的各个部门,也可能来自项目可行性研究、设计、招标、实施等各个阶段,还可能来自质量控制、投资控制、进度控制、合同管理等各个方面。如果信息收集不及时、不完整，或者不准确，必然会影响到监理工程师判断和决策的正确性、及时性。由于信息工程规模大、牵涉面广、协作关系复杂，信息系统监理工作涉及大量的信息。监理工程师不仅要了解国家及地方有关的政策、法规、技术标准规范，而且要掌握信息工程建设各个方面的信息。既要掌握计划的信息，又要掌握实际进度的信息，还要对它们进行对比分析。而且，信息工程建设的过程是一个动态的过程，监理信息管理的控制也是动态控制，需要及时地收集和处理信息。

7.2.2.3　一协调

一协调即全面组织协调(见图 7-3)。

协调是指主动联合、调动相互作用的子系统间的能量、物质和信息交换，以实现系统目标的活动。信息系统监理工作中组织协调的内容可以分为两大部分：系统内部的协调和系统外部的协调，如图 7-3 所示。

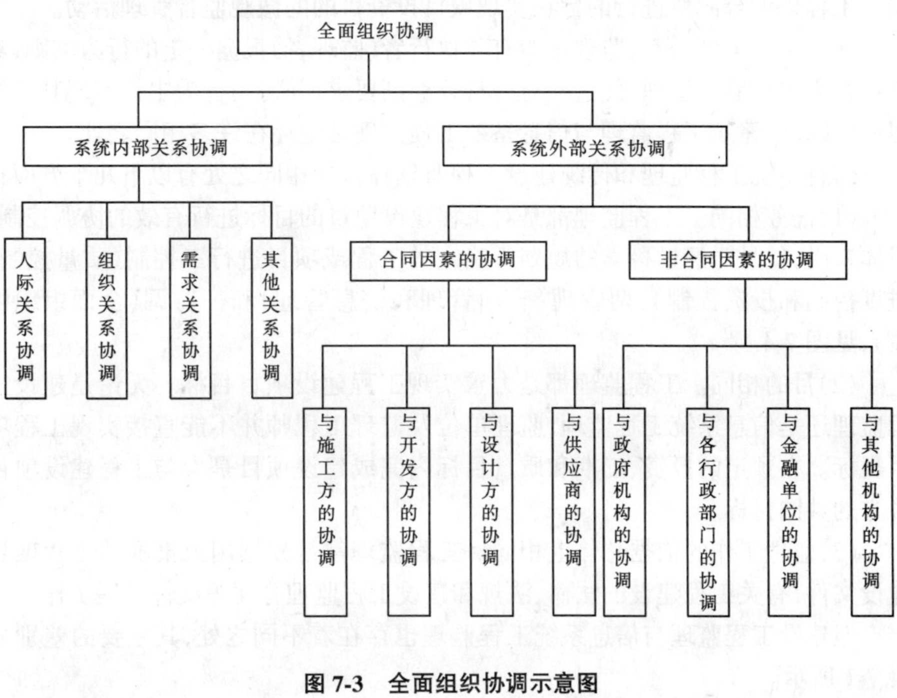

图 7-3　全面组织协调示意图

系统内部的协调是指信息系统工程建设项目内部各种关系的协调，如内部的人际关系、组织关系、需求关系以及其他项目子系统之间相互发生的关系等。

系统外部的协调是指信息系统工程建设项目的整个活动过程以外的关系协调。系统外部的协调根据是否具有合同关系又分为两大类：合同因素的协调和非合同因素的协调。合同因素的协调包括业主与施工方关系的协调、业主与开发方关系的协调、业主与设计方关系的协调、业主与供应商关系的协调等。非合同因素协调的范围更广,可能遇到的问题更多,协调工作量更大。例如,与政府机构关系的协调、与各行政部门关系的协调、与金融单位关系的协调等。非合同因素协调有很多是事先难以预料的。

7.2.3 信息系统工程监理与传统建设工程监理的比较

我国的建设工程监理已经普遍实施,积累了许多成功的经验,也给信息系统工程监理提供了许多宝贵的知识与经验。

我国的建设工程监理的概念与国外基本一致,但也有其特殊的地方。按照建设部、国家计委制定的《建设工程监理规定》,建设工程监理是指在工程项目建设中,社会化、专业化的建设工程监理单位接受业主的委托和授权,根据国家批准的工程项目建设文件,有关工程建设的法律、法规和建设工程监理合同,以及其他工程建设合同所进行的旨在实现项目投资目的的微观监督管理活动。

从广义的角度来看,监理是指有关执行者(监理者)根据一定的行为准则,对某些行为进行监督管理,使这些行为符合准则要求,并协助行为主体实现其行为目的。因此,建筑工程监理与信息系统工程监理必定存在许多相同之处。

信息系统工程监理和传统建设工程监理存在的相同之处有以下几个方面:

(1)任务相同。工程监理都是对工程建设项目的目标进行有效的协调控制。具体来说,就是对经过科学的规划所确定的工程或项目进行三控制(质量控制、进度控制和投资控制)、两管理(合同管理和信息管理)和一协调(全面组织协调),见图 7-4。

(2)目的相同。工程监理都是力求实现工程建设项目目标。无论是建设工程监理还是信息系统工程监理,监理单位及监理工程师并不能直接实现工程项目目标。在预定的投资、工期和质量目标内完成建设项目是参与工程建设项目各方的共同目标。

(3)监理工作的依据总体上相同。工程监理都是根据国家批准的工程项目建设文件,有关工程建设的法律、法规和建设工程监理合同等文件开展工作。

但建设工程监理与信息系统工程监理也存在着不同之处,其主要的差别如表 7-1 所示。

建设工程监理已实施多年,积累了比较丰富、成熟的经验,为实施计算机信息系统工程监理提供了可参考的样板。应当吸收和借鉴建设工程监理的这些成熟的经验,以促进信息系统工程监理的发展。

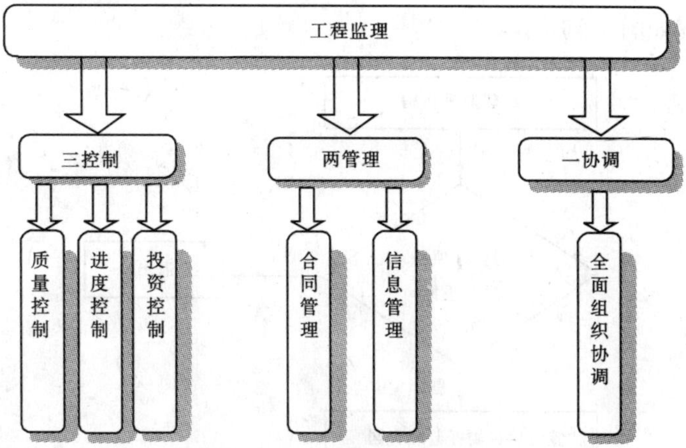

图 7-4　工程监理的任务

表 7-1　建设工程监理与信息系统工程监理的差别

差别的项目	建设工程监理	信息系统工程监理
介入时间	设计完成后	开始启动阶段
结束时间	建筑工程结束	延伸至系统的运行维护
中期的监理内容	按照有关国家规定及合同	包含软件开发的内容,这一部分内容的监理是信息工程监理的最大难点
行业技术质量标准规范	建筑标准规范与建筑技术相对成熟	目前还没有完整的国家质量标准与监测方法,只有一些局部的资料参考
设计监理和施工监理是否分开	招标阶段无监理,设计监理和工程监理是可以分开的,监理工作的中心在施工阶段	实施招标、设计、施工、系统集成和开发全过程的监理

7.3　信息系统工程监理活动

信息工程监理是全过程监理。

全过程监理方法,就是将信息系统建设项目看做由四个阶段组成的一个全过程的工程项目,即项目前期准备、项目招投标、项目实施、项目试运行验收阶段。信息系统监理在这四个阶段各有不同的监理活动。

7.3.1　项目前期准备及招投标期的监理活动

项目前期准备及招投标阶段的监理活动的主要目的是:明确项目总需求、协助建设单位(业主)进行招投标、优化中标方案、寻求满足需求的方案等。该阶段活动的流程如图 7-5 所示。

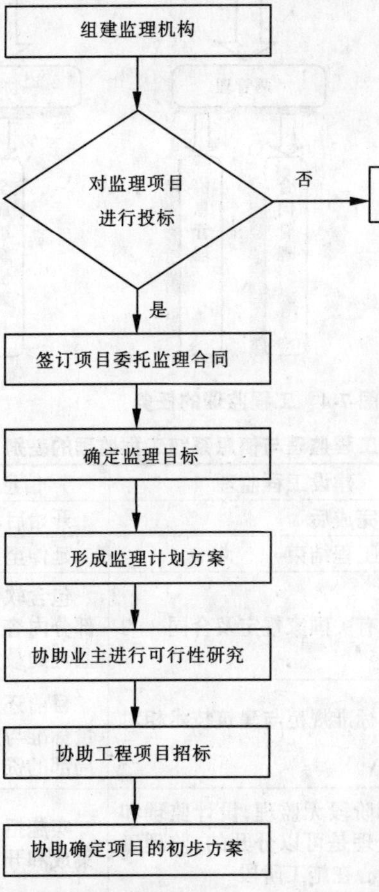

图 7-5　项目前期准备及招投标阶段的监理活动

与传统建设工程监理的过程有所不同的是,信息系统工程的监理在项目一启动就需要监理机构介入,并且由监理机构协助业主进行项目的可行性研究及对施工单位和开发单位的招标工作。信息产业部在《信息系统工程监理暂行规定》中指出:"监理单位要先于承建单位介入,没有确立监理单位的工程,建设单位不得开始建设。"

而传统建设项目的监理公司往往是在建设项目的施工设计完成之后才进入监理工作的。因此,在我国现有的技术条件下,信息系统工程监理的范围覆盖了从项目的可行性研究直至项目运行和验收的全过程。

在信息系统建设项目的前期阶段,监理活动包括以下内容:

(1)协助业主编制"项目可行性研究报告"。

(2)确定总需求、总目标和建设原则。

(3)协助业主进行招标及评标工作。

(4)协助业主和建设单位进行信息工程的初步方案设计。

(5)协助业主和建设单位进行专家评审。

(6)协助业主洽谈和签订合同。

(7)编制监理规划与监理细则。

7.3.2　项目实施期的监理活动

项目实施期监理活动的主要目的是:控制项目质量、进度和投资目标,实现和满足用户需求。

项目实施期的监理活动分为综合布线部分、网络系统集成部分、应用系统开发部分以及应用系统试运行及验收部分的监理。在这四部分中,从监理的内容来看,每一部分都应该做到三控制(质量控制、进度控制、投资控制)、二管理(合同管理、信息管理)、一协调,如图7-6所示。

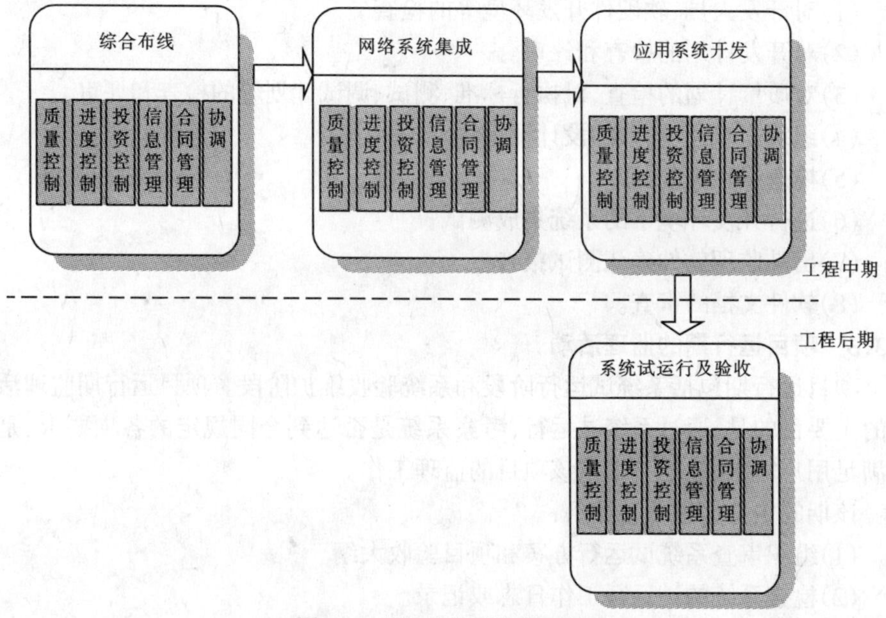

图7-6　项目实施期的监理活动

本阶段是监理工作全面铺开的阶段,需要根据招投标文件、承包合同等文件编制项目监理计划,明确本项目的质量控制、进度控制和投资控制的目标。针对项目特点和承包商专业分工实施专业监理，一般可分为外购硬件和软件、承包商开发的软件、布线、网络系统集成和项目验收等。其中，系统集成和软件开发是监理控制的重点。

综合布线监理的主要活动如下：

(1)组织布线、网络和安全系统方案设计审查。

(2)检查布线施工和布线测试情况。

(3)进行布线系统的监理确认测试。

(4)网络硬件设备和配套软件的测试。

网络系统集成监理的主要活动如下：

(1)进行网络设备及系统软件验收。

(2)适合施工进度。

(3)网络系统集成性能测试。

(4)网络应用测试。

(5)网络系统集成的验收。

应用系统开发监理的主要活动如下：

(1)对开发人员、软硬件开发环境等的检查。

(2)对开发计划的检查和评审。

(3)对质量计划的检查，对执行标准、测试、调试计划等的检查和评审。

(4)组织需求评审，参加设计评审。

(5)检查编程进度。

(6)进行开发环境下的系统集成测试。

(7)出具监理软件确认测试报告。

(8)软件文档的审查。

7.3.3　项目运行期的监理活动

项目运行期包括系统试运行阶段和系统验收维护阶段。项目运行期监理活动的主要目的是：通过系统试运行，考察系统是否达到合同规定的各项要求、是否满足用户需求、并准备结束该项目的监理工作。

该期的主要监理活动如下：

(1)组织审查系统试运行方案和项目验收大纲。

(2)检查系统的试运行工作日志或记录。

(3)组织计算机网络系统验收测试。

(4)组织应用系统的验收测试。

(5)组织项目的考核和验收的评审会议工作。

(6)协助办理系统和文档的交付。

(7)定期走访用户,检查信息系统试运行状况。

(8)编写并提交项目监理总结报告。

7.4　监理工程师素质分析

信息系统工程的建设监理是智能型的管理服务。人力资源是构成监理企业的关键要素,监理人员的素质也是决定监理工作的关键要素。

信息系统工程监理的核心在于为客户提供服务,实现整体服务功能的提高。信息系统工程的技术含量高、技术变化快、知识覆盖面广、结构复杂、用户需求多样化,这就要求监理工程师具备基于复合知识基础之上的综合能力。信息系统工程监理工程师的知识能力要求如图 7-7 所示。

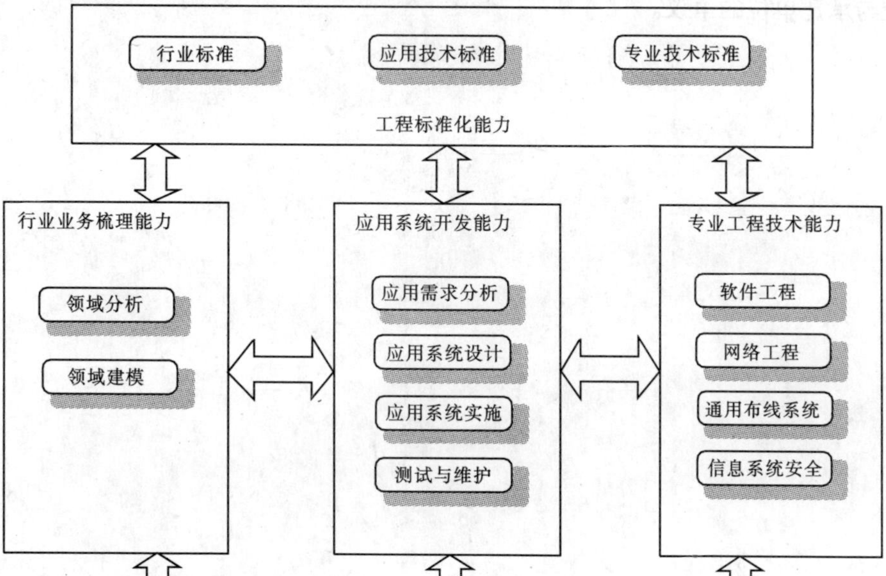

图 7-7　信息系统工程监理工程师的知识能力结构

信息产业部《信息系统工程监理工程师资格管理办法》规定,申请监理工程师资格应当具备以下基本条件:

(1)具有大学本科学历、两年以上从事信息系统工程设计、实施、监理工作经历,或者具有大专学历、四年以上从事信息系统工程设计、实施、监理工作经历。

(2)经过培训,取得培训结业证书。

(3)经过监理工程师资格考试合格。

(4)信息系统工程监理工程师应当是经信息产业部考试、评审、培训合格,并取得《信息系统工程监理工程师资格证书》的专业技术人员。

(5)监理工程师根据监理合同独立执行工程监理业务,对承建单位违反国家法律、法规、标准和合同的可提出劝告,并向业主单位报告;监理工程师不得出卖、出借、转让、涂改《信息系统工程监理工程师资格证书》。

信息系统工程实行总监理工程师负责制,总监理工程师行使合同赋予监理单位的权力,全面负责受委托的监理工作。总监理工程师要公正地协调业主单位与承建单位的争议。

第八章　信息系统的评价

8.1　概述

8.1.1　系统评价

由于涉及确定各种信息系统对组织的实际价值,信息系统评价成为组织决策中最重要的问题之一。20 世纪 60 年代,组织中信息技术的应用仍处在数据处理阶段,信息系统的目标在于提高工作效率、降低信息成本、实现自动化,因而传统的资本投资评价技术就可以用来评价初期的信息系统。70 年代以后,随着管理信息系统和决策支持系统的不断发展,越来越多的组织和人对传统评价方法的适用性产生怀疑,使理论研究开始重视信息系统的评价问题。80 年代中期以来,信息技术在企业组织中的战略性应用,带来战略信息系统与信息技术基础设施建设的激增,信息系统在企业中的作用、地位越来越重要。而企业的 IT 投资则更多地依靠直觉和勇气。实践中,信息系统建设长期居高不下的失败率,更凸显出信息系统评价的重要性与实现适宜评价的迫切性。

所谓**系统评价,是指根据预定的系统目的,在系统调查和可行性研究的基础上,主要从技术和经济等方面,就各种系统设计的方案所能满足需要的程度及消耗和占用的各种资源进行评审和选择,并选择出技术上先进、经济上合理、实施上可行的最优或满意方案**。根据评价与系统的关系,可以区分出不同评价类型,如表 8-1 所示。

一般情况下,系统评价的主要步骤包括:

(1)明确系统目标,熟悉系统方案。

(2)分析系统要素。即根据评价的目标,收集有关资料和数据,对组成系统的各个要素及系统的性能特征进行全面分析,找出评价项目。

(3)确定评价指标体系,科学地、客观地、尽可能全面地考虑各种因素。

(4)制定评价结构、评价准则,对所确定的指标进行定量化处理并使之规范化,确定各指标的结构与权量。

(5)确定评价方法。

(6)进行单项评价,就系统的某一特殊方面进行详细评价。

(7)综合评价。即利用模型和各种资料,用技术经济的观点对比各种可行方案,考虑成本、效益关系,权衡各方案的利弊得失,从系统的整体观点出发,综合分析问题,选择适当而且可能实现的优化方案。

表 8-1　系统评价的类型

评价与系统的关系	评价的类型
评价与决策	决策前评价; 决策中评价; 决策后评价
评价与系统发展过程	事前评价; 中间评价; 事后评价
评价与信息特征	基于数据的评价; 基于模型的评价; 基于专家知识的评价; 基于数据、模型、专家知识的评价

信息系统的评价属于综合评价。在实践中,经常会出现从这几个指标看甲系统优于乙系统,从那几个指标看乙系统优于丙系统,从其他指标看,丙系统又优于甲系统的情况,使分析者难以评价谁优谁劣。因此,通过对实践活动的总结,逐步形成了一系列运用多个指标对多个参评单位进行评价的方法,称为多变量综合评价方法,或简称为综合评价方法。其基本思想是将多个指标转化为一个能够反映综合情况的指标来进行评价。

综合评价法的特点表现为:评价过程不是逐个指标顺次完成的,而是通过一些特殊方法将多个指标的评价同时完成;在综合评价过程中,一般要根据指标的重要性进行加权处理;评价结果不再是具有具体含义的统计指标,而是以指数或分值表示被评价系统的"综合状况"的排序。

综合评价法的一般步骤如下:

(1)确定综合评价指标体系,这是综合评价的基础和依据。

(2)收集数据,并对不同计量单位的指标数据进行同度量处理。

(3)确定指标体系中各指标的权数,以保证评价的科学性。

(4)对经过处理后的指标再进行汇总,计算出综合评价指数或综合评价分值。

(5)根据评价指数或分值对参评单位进行排序,并由此得出结论。

8.1.2　信息系统评价的指标

信息系统的评价是一项难度大的工作，它属于多目标评价问题。目前大部分的系统评价还处于非结构化的阶段，只能对部分评价内容列出可度量的指标，不能度量的指标还只能利用定性的方法。信息系统评价指标可以分为系统性能的评价、系统效益的评价和系统建设的评价。系统建设的评价可以分配在各个阶段评审之中。这里仅针对前两者提出一些信息系统的评价指标。

8.1.2.1　系统性能的评价

信息系统的性能是指信息系统的各个组成部分，包括计算机硬件、软件、人员以及各种规章制度，有机地结合在一起，作为一个整体对使用者所表现出来的特性。系统性能的好坏直接影响系统的运行和维护，决定了运行和应用的长期效果，决定了系统的生命力。因此，系统性能的评价是信息系统评价的主要内容。信息系统的性能通常用以下6个指标进行评价：系统效率，包括周转时间、响应时间、吞吐量等；系统可维护性；系统可靠性；系统可扩充性；系统可移植性；系统安全保密性等。

8.1.2.2　系统效益的评价

信息系统的价值体现在应用中。系统运行的好坏，不仅和系统的性能有关，更要看系统给组织的决策和人员的行为带来的影响。这些影响可以从两个方面进行评价：一方面是与直接经济效益有关的指标；另一方面是与间接经济效益有关的指标。

1)与直接经济效益有关的指标

与直接经济效益有关的指标包括：系统投资额；系统运行维护费用；运行信息系统而带来的效益；投资回收期等。

2)与间接经济效益有关的指标

信息系统的投入运行，改进了组织结构及运作方式，提高了人员素质，通过这些方面使企业成本下降、利润增加，从而逐渐间接获得的效益，称为间接经济效益。间接经济效益的成因关系复杂，计算困难，只能作定性的分析。尽管间接经济效益难以估计，但对企业的生存与发展所起的作用往往要大于直接经济效益。

信息系统的成功应用所产生的间接经济效益体现在以下几个方面：

(1)信息系统的应用对企业为适应环境所作的结构调整、管理制度与模式的改革起到巨大的推动作用，这种推动作用是无法用其他方法来实现的。

(2)信息系统的应用能显著地改善企业形象，既可提高企业外部客户对企业的信任程度，又可提高企业内部全体员工的自信心与自豪感。

(3)信息系统的应用还能使企业管理人员获得新知识、新技术和新方法,从而提高他们的综合素质,使他们进入一个学习与掌握新知识的良性循环。

(4)信息系统的交换与共享加强了部门与部门之间、管理人员与管理人员之间的联系,提高了企业的协作精神和凝聚力。

(5)信息系统的应用还促进了企业的规章制度、工作规范、标准化建设等基础管理工作,为其他管理工作提供了有利的条件。

8.1.3 信息系统评价的方法

有些人将信息系统的评价用软件的评价来代替,这是一个错误的概念。软件只是信息系统的组成部分之一,信息系统的评价比软件的评价要复杂得多,也困难得多。

实践的需要促进了理论研究,研究人员尝试了多种多样的信息系统评价方法。总体来说,各种评价方法可分为经济的和非经济的两类。

经济评价方法包括:实物期权方法、信息经济学方法、净资产现金流方法、股东价值分析方法、经济增加值方法和修正净现值方法,等等。

非经济评价方法则包括:模拟模型方法、概念模型方法、关键成功因素分析方法、层次分析方法、多目标多准则方法以及最优化模型方法,等等。

8.2 基于 AHP 的信息系统综合评价

层次分析法(Analytic Hierarchy Process,AHP)是一种决策思维方式,它的基本思想是把复杂的问题分解为各个组成因素,将这些因素按支配关系分组,形成有序的递阶层次结构,通过两两比较的方式确定同层次中诸因素的相对重要性,然后综合人的判断以决定诸因素相对重要性的总顺序。层次分析法体现了人们的决策思维中分解、判断和综合等基本特征。

8.2.1 层次分析法的基本步骤

运用 AHP 解决问题,可以分为以下四个步骤。

8.2.1.1 建立问题的递阶层次结构

建立问题的递阶层次结构是 AHP 中最重要的一步。首先,要把复杂问题分解为各个组成部分,即元素。然后把这些元素按不同属性分成若干组,以形成不同层次。将同一层次的元素作为准则,它对下一层次的某些因素起支配作用,同时又接受上一层元素的支配。这种从上至下的支配关系形成了一个递阶层次。处于最上面的层次通常只有一个元素,一般是决策问题的预定目标或理想结果。中间层次一般是准则、子准则,最低一层包括决策的方案。层次之间的元素支配关系不一定是完全的,即可以存在这样的元素,它不支配下一层次的任何元素。

一个典型的层次结构如图 8-1 所示。

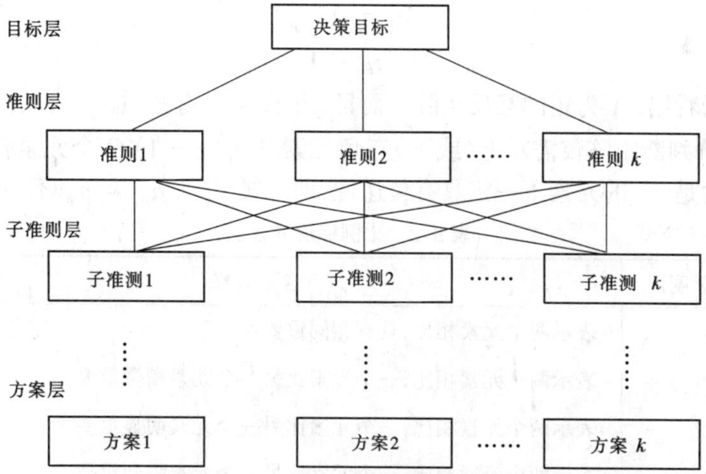

图 8-1　AHP 的递阶层次结构示意图

层次结构的层数是由问题的复杂程度和决策分析的详细程度来决定的。一般情况下，每一层次中的元素不超过 9 个，若一层中元素数目过多，则进行两两比较判断会比较困难。一个好的层次结构对于解决问题是极为重要的。层次结构建立在决策者对面临的问题具有全面深入的认识的基础上。首先要认真分析问题，弄清问题各部分相互之间的关系，再进行层次的划分，并确定层次之间元素的支配关系。

8.2.1.2　构造两两比较判断矩阵

建立递阶层次结构以后，层次之间元素的隶属关系就确定了。假设把上一层的元素 C_k 作为准则，其对下一层的元素 $A_1, A_2, \cdots, A_n$ 有支配关系，那么，必须在准则 C_k 之下按 $A_1, A_2, \cdots, A_n$ 的相对重要性赋予各元素相应的权重。

对大多数社会经济问题，特别是对于决策问题，往往很难直接得到这些元素的权重，而需要通过某些方法来导出。AHP 所用的是两两比较的方法。

这一步中，要反复回答这一问题：对于准则 C_k，两个元素 A_i 和 A_j 哪一个更重要些？重要多少？为了便于分析，需要使用数值来标明相对重要的程度。这里使用 1～9 的比例标度，它们的意义见表 8-2。

对于 n 个元素，可得到两两比较判断矩阵 A

$$A = (a_{ij})_{n\times n}$$

判断矩阵具有如下性质：

$$a_{ij} > 0$$

$$a_{ij} = 1/a_{ji}$$

$$a_{ii} = 1$$

可以看出,A 为正的互反矩阵。而且,由于 A 具有性质 $a_{ij}=1/a_{ji}$ 和 $a_{ii}=1$,对于 n 阶判断矩阵仅需对上(或下)三角元素共 $n(n-1)/2$ 个元素作出判断。要注意的是,A 的元素不一定具有传递性,即等式 $a_{ij} \times a_{jk} = a_{ik}$ 不一定成立。

表 8-2　比例标度的含义

比例标度	含　义
1	表示两个元素相比,具有相同重要性
3	表示两个元素相比,一个元素比另一个元素稍微重要
5	表示两个元素相比,一个元素比另一个元素明显重要
7	表示两个元素相比,一个元素比另一个元素强烈重要
9	表示两个元素相比,一个元素比另一个元素极端重要
2、4、6、8	上述两相邻判断间的中值
倒数	因素 i 与 j 比较得判断 a_{ij},则因素 j 与 i 比较得判断 $a_{ji}=1/a_{ij}$

但如果 $a_{ij} \times a_{jk} = a_{ik}$,则称 A 为一致性矩阵。在由判断矩阵导出元素排序权值时,一致性是非常重要的。

8.2.1.3　计算单一准则下元素的相对权重

计算在准则 C_k 下,n 个元素 $A_1, A_2, \cdots, A_n$ 的排序权重,并进行一致性检验。对于 $A_1, A_2, \cdots, A_n$ 通过两两比较得到判断矩阵 A,求解特征根问题

$$AW = \lambda_{\max} W$$

得到的 W 经归一化后作为元素 $A_1, A_2, \cdots, A_n$ 在准则 C_k 下的排序权重。这种方法称为排序权重向量计算的特征根方法。$\lambda_{\max}$ 存在且惟一,W 由分量组成。

一般采用幂法计算 $\lambda_{\max}$ 和 W,可按照以下步骤计算:

(1)任取与判断矩阵 A 同阶的正规化初值向量 W^0;

(2)计算 $\overline{W}^{k+1}=AW^k(k=0,1,2,\cdots)$;

(3)令 $B = \sum_{i=1}^{n} \overline{W}_i^{k+1}$,计算

$$\overline{W}^k = (1/B) \times \overline{W}^{k+1} \quad (k = 0,1,2,\cdots)$$

(4)对于设定的精确度ε,当

$$|\overline{W}_i^{k+1} - \overline{W}_i^{k}| < \varepsilon$$

对所有 $i=1,2,\cdots,n$ 成立时,则 $W=W^{k+1}$即为所求的特征向量,步骤(5),否则返回步骤(2);

(5)计算判断矩阵最大特征根

$$\lambda_{\max} = \sum_{i=1}^{n} \overline{W}_i^{k+1} / nW_i^k$$

$\lambda_{\max}$和 W 就是所要求的特征根和相应的特征向量,通常把它们称为最大特征根和相应特征向量,以区别于其他特征根和特征向量。

在精度要求不高的情况下,可以用和法计算 $\lambda_{\max}$和 W。

用和法计算 $\lambda_{\max}$和 W 的步骤如下:

(1)将判断矩阵 A 的元素按列归一化

$$\bar{a}_{ij} = a_{ij} \Big/ \sum_{k=1}^{n} a_{kj} \quad (i,j = 1,2,\cdots,n)$$

(2)将归一化后的判断矩阵按行相加

$$\overline{W}_i = \sum_{j=1}^{n} \bar{a}_{ij} \quad (i,j = 1,2,\cdots,n)$$

(3)对向量 $W=[W_1,W_2,\cdots,W_n]^{\mathrm{T}}$ 归一化

$$W_i = \overline{W}_i \Big/ \sum_{j=1}^{n} \overline{W}_j \quad (i,j = 1,2,\cdots,n)$$

所得到的 $W=[W_1,W_2,\cdots,W_n]^{\mathrm{T}}$ 即为所求的特征向量。

(4)按以下公式计算判断矩阵最大特征根 $\lambda_{\max}$

$$\lambda_{\max} = \sum_{i=1}^{n} \frac{(AW)_i}{nW_i}$$

式中:$(AW)_i$ 为(AW)的第 i 个元素。

在判断矩阵的构造过程中,并不要求判断具有一致性,但有时会出现甲比乙极端重要,乙比丙极端重要,而丙却比甲极端重要的违反常理的情况。而且,当判断偏离一致性过大时,排序权重向量计算结果作为决策依据将出现不合理的情况。因此,得到 $\lambda_{\max}$后,需要进行一致性检验,其步骤如下:

(1)计算一致性指标 C.I.。

$$\mathrm{C.I.} = \frac{\lambda_{\max} - n}{n - 1}$$

式中:n 为判断矩阵的阶数。

(2)计算平均随机一致性指标 R.I.。平均随机一致性指标是这样得到的：用随机方法构造 500 个样本矩阵。分别对 1～9 阶判断矩阵，各 500 个随机样本矩阵计算其一致性指标 C.I. 值，然后取平均值，即得到平均随机一致性指标值。对于 1～15 阶判断矩阵，平均随机一致性指标的 R.I. 值见表 8-3。

(3)计算一致性比率 C.R.。

$$\mathrm{C.R.} = \frac{\mathrm{C.I.}}{\mathrm{R.I.}}$$

当 C.R.＜0.1 时，可以认为判断矩阵具有比较满意的一致性。

表 8-3　平均随机一致性指标的 R.I. 值

矩阵阶数	R.I. 值
1	0.00
2	0.00
3	0.58
4	0.90
5	1.12
6	1.24
7	1.32
8	1.41
9	1.46
10	1.49
11	1.52
12	1.54
13	1.56
14	1.58
15	1.59

8.2.1.4　计算各层元素的组合权重

为了得到递阶层次结构中每一层的所有元素相对于总目标的相对权重，需要把步骤 8.2.1.3 的计算结构进行适当的组合，并进行总的判断一致性检验。这一步的计算是由上而下，逐层进行，最后得出最低层元素，即决策方案优先顺序的相对权重和整个递阶层次结构模型的判断一致性检验。假设已经计算出第 $k-1$ 层元素相对于总目标的组合排序权重向量为 $a^{k-1}=(a_1^{k-1},a_2^{k-1},\cdots,a_m^{k-1})^{\mathrm{T}}$，第 k 层在第 $k-1$ 层第 j 个元素作为准则下元素的排序权重向量为 $b_j^k=(b_{1j}^k,a_{2j}^k,\cdots,a_{nj}^k)^{\mathrm{T}}$。其中不受支配(即与 $k-1$ 层第 j 个元素无关)的元素权重为零。令 $B^k=(b_1^k,a_2^k,\cdots,a_m^k)^{\mathrm{T}}$，则第 k 层 n 个元素相对于总目标的组合排序权重向量由下式给出

$$a^k = B^k a^{k-1}$$

更一般地，有排序的组合权重公式

$$a^k = B^k B^{k-1} \cdots B^3 a^2$$

式中：a^2 为第二层元素的排序向量；$3 \leqslant k \leqslant n$，$n$ 为层次数。

对于递阶层次结构组合判断的一致性检验，需要类似地逐层计算 C.I.，若分别得到了第 $k-1$ 层次的计算结果 $\mathrm{C.I.}_{k-1}$、$\mathrm{R.I.}_{k-1}$ 和 $\mathrm{C.R.}_{k-1}$，则第 k 层的相应指标为

$$\mathrm{C.I.}_k = (\mathrm{C.I.}_k^1,\cdots,\mathrm{C.I.}_k^m)a^{k-1}$$

$$\mathrm{R.I.}_k = (\mathrm{R.I.}_k^1,\cdots,\mathrm{R.I.}_k^m)a^{k-1}$$

$$C.R._k = (C.R._{k-1} + C.I._k / R.I._k)$$

其中，$C.I._k^m$ 表示第 k 层在以第 $k-1$ 层第 m 个元素作为准则下的有关元素构成的比较判断矩阵的 C.I. 值。

当 $C.I._k < 0.10$ 时，则可以认为递阶层次结构在 k 层上整个判断具有比较满意的一致性。

8.2.2　基于 AHP 的信息系统评价应用

AHP 对信息系统的评价可以根据不同的评价要求分为相对评价和绝对评价。这两种评价的基本原理是相同的，只是在实现方式上有差别。相对评价是将被评价的系统按优劣次序排队；绝对评价是给出被评价系统的绝对分数。

下面使用 AHP 来对三个同类的管理信息系统 A、B、C 进行相对评价和选择。

第一步，建立问题的层次结构模型，如图 8-2 所示。其中，第一层为目标层，第二层为指标层，第三层是被评价系统。

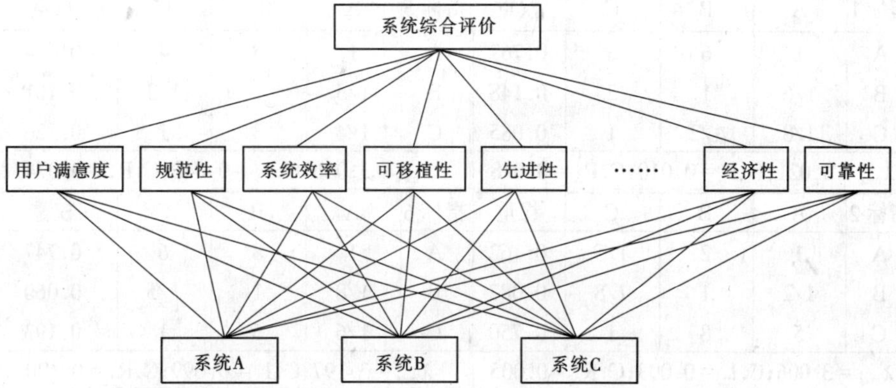

图 8-2　信息系统评价的 AHP 模型

第二步，构造指标层 8 个指标的每两个之间相对于目标的重要程度的比较矩阵，在此基础上确定各指标的权重及一致性指标。表 8-4 列出了两两比较矩阵及计算结果。

第三步，对三个被评价系统相对于每一个指标进行两两比较。由于有8个指标，因此构成了 8 个 3×3 矩阵。表 8-5 列出了 8 个比较矩阵及得到的计算结果。

最后，由以上得到的结果，计算得到 A、B、C 三个系统相对于总目标的综合权重。表 8-6 列出了各个系统相对于单个指标的权重和总的综合权重。

表 8-4 指标相对目标层的两两比较矩阵及计算结果

指标	1	2	3	4	5	6	7	8	权重
1	1	5	3	7	6	6	1/3	1/4	0.167
2	1/5	1	1/3	5	3	3	1/5	1/7	0.068
3	1/3	3	1	6	3	4	1/6	1/5	0.096
4	1/7	1/5	1/6	1	1/3	1/4	1/7	1/8	0.021
5	1/6	1/3	1/3	3	1	1/2	1/5	1/6	0.037
6	1/6	1/3	1/4	4	2	1	1/5	1/6	0.047
7	3	5	6	7	5	5	1	1/2	0.240
8	4	7	5	8	6	6	2	1	0.324
$\lambda_{max}=8.953$; C.I. = 0.136; C.R. = 0.097									

表 8-5 A、B、C 系统相对于各个指标的比较矩阵及计算结果

指标 1	A	B	C	权重	指标 5	A	B	C	权重
A	1	6	8	0.767	A	1	5	4	0.674
B	1/6	1	2	0.148	B	1/5	1	1/3	0.101
C	1/8	1/2	1	0.085	C	1/4	3	1	0.226
$\lambda_{max}=3.021$;C.I. = 0.010;C.R. = 0.018					$\lambda_{max}=3.086$;C.I. = 0.043;C.R. = 0.074				
指标 2	A	B	C	权重	指标 6	A	B	C	权重
A	1	2	1/5	0.162	A	1	8	6	0.747
B	1/2	1	1/8	0.087	B	1/8	1	1/5	0.060
C	5	8	1	0.750	C	1/6	5	1	0.193
$\lambda_{max}=3.006$;C.I. = 0.003;C.R. = 0.005					$\lambda_{max}=3.197$;C.I. = 0.099;C.R. = 0.170				
指标 3	A	B	C	权重	指标 7	A	B	C	权重
A	1	8	6	0.767	A	1	1/2	1/2	0.200
B	1/8	1	1/2	0.085	B	2	1	1	0.400
C	1/6	2	1	0.148	C	2	1	1	0.400
$\lambda_{max}=3.002$;C.I. = 0.001;C.R. = 0.018					$\lambda_{max}=3.000$;C.I. = 0.000;C.R. = 0.000				
指标 4	A	B	C	权重	指标 8	A	B	C	权重
A	1	1	1	0.333	A	1	1/7	1/5	0.072
B	1	1	1	0.333	B	7	1	3	0.650
C	1	1	1	0.333	B	5	1/3	1	0.278
$\lambda_{max}=3.000$;C.I. = 0.000;C.R. = 0.000					$\lambda_{max}=3.065$;C.I. = 0.032;C.R. = 0.056				

表 8-6　A、B、C 系统的权重

指标	A	B	C
1 (0.167)	0.767	0.148	0.085
2 (0.068)	0.162	0.087	0.750
3 (0.096)	0.767	0.085	0.148
4 (0.021)	0.333	0.333	0.333
5 (0.037)	0.674	0.101	0.226
6 (0.047)	0.747	0.060	0.193
7 (0.240)	0.200	0.400	0.400
8 (0.324)	0.072	0.650	0.278
综合权重	0.358	0.352	0.290

从表 8-6 中可以看到，系统 A 的综合权重最高，被认为是最令人满意的系统，是首选对象。

8.3　基于协调分析的信息系统综合评价

信息系统评价是指根据一定的评价方法、内容和指标对信息系统建设状况和系统质量进行评估。信息系统的评价属于多目标、多方案的评价决策过程。在多目标决策中，普遍使用的模型包括：Trade - off 方法、期望值法、AHP 法等。但这些方法在评价方案上只分析了方案的优势或劣势，没有将满意度和不满意度统一成为总体。基于妥协原理(Compromise Principle)的协调分析方法综合考虑了方案的优缺点，能评价出最有利的方案，因而评价结果十分客观。

8.3.1　信息系统综合评价指标体系

信息系统综合评价的指标体系应该考虑系统建设、系统性能、经济成本等各个方面。图 8-3 列出了信息系统综合评价的指标体系。

8.3.2　评价模型

设待评价的 n 个信息系统组成被评价对象集合，记为 $X=\{x_1,x_2,\cdots,x_i,\cdots,x_n\}$，其中 x_i 为第 i 个信息系统。p 个评价指标组成评价指标集合，记为 $U=\{u_1,u_2,\cdots,u_j,\cdots,u_p\}$，其中 u_j 为第 j 个评价指标。原始评价值矩阵记为

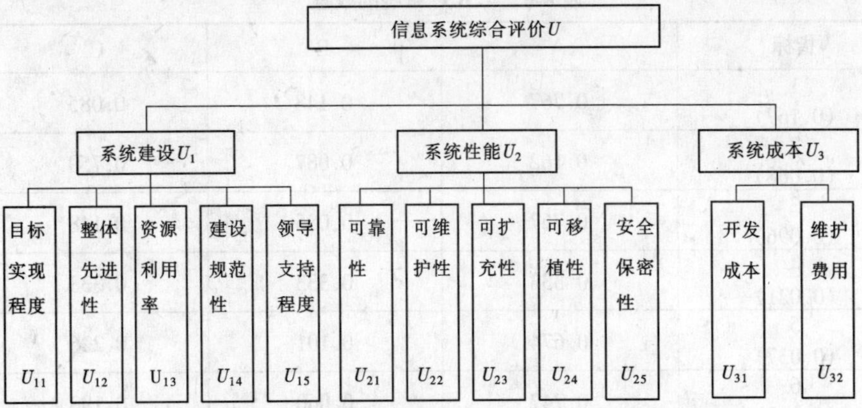

图 8-3　信息系统综合评价的指标体系

$Y=\{y_{ij}\}_{n\times p}$，其中 y_{ij} 为第 i 个系统在第 j 个评价指标上的评价值。

8.3.2.1　对评价指标的量化及规范化处理

从图 8-3 中可以看到，绝大多数的指标是定性指标，在进行综合评价时，需要将这些定性的指标进行量化。在实际工作中，常采用的方法是由专家对评价指标进行定性分析，然后转化成相应的量化值。例如采用李斯特 7 等级度量，在"特别好"与"特别差"之间分为 7 个不同的等级，分别用 7 到 1 的分值对应。为了计算方便，需要对评价值进行规格化处理。可采用下述方法将所有的指标值统一到(0,1)范围内。

在综合评价的指标中，有些是属于效益目标，对这类指标来说是越大越好，称为正向指标；另有一些指标属于成本指标，即越小越好，称为负向指标。正向指标和负向指标应采用不同的方法进行规范化。

对于正向指标，取

$$Z_{ij}=\frac{y_{ij}}{y_j^{\max}}$$

其中，$y_j^{\max}=\max\limits_i y_{ij}$，即第 j 列中的最大元素，其物理含义是某一评价指标最高的评价值。明显有

$$0.0\leqslant Z_{ij}\leqslant 1.0$$

对于负向指标，取

$$Z_{ij}=\frac{y_j^{\min}}{y_{ij}}$$

其中，$y_j^{\min}=\min\limits_i y_{ij}$，即第 j 列中的最小元素，其物理含义是某一评价指标最低的

评价值。且明显有

$$0.0 \leqslant Z_{ij} \leqslant 1.0$$

经过上述处理，得到新的评价标准数据矩阵 Z

$$Z = \{Z_{ij}\}_{n \times p}, 0.0 \leqslant Z_{ij} \leqslant 1.0, \forall\, i, j$$

8.3.2.2　评价指标的权重确定

图 8-3 中的指标并非具有相同的重要性，可以通过分配权重来代表指标的相对重要性。设定权重常用的方法有 AHP 法、德尔菲法等。设定第 i 个指标分配的权重为 w_i，则得到权重向量为 $W^{\mathrm{T}} = (w_1, w_2, \cdots, w_i \cdots, w_p)$，并且满足

$$\begin{cases} 0.0 \leqslant w_i \leqslant 1.0 \quad (i = 1, \cdots, p) \\ \sum_{i=1}^{p} w_i = 1.0 \end{cases}$$

8.3.2.3　协调集合与非协调集合及其物理含义

在进行综合评价时，被评价的对象之间往往存在着不协调的情况，即 A 对象在某些属性上优于 B 对象，而 B 对象又在某些属性上优于 A 对象。因此，对两个指标集合作如下定义。

对两个被评价对象 i 与 i'（$i, i' = 1, 2, \cdots, n; i \neq i'$），

协调集合

$$C_{ii'} = \{j \mid Z_{ij} > Z_{i'j}\}$$

即被评价对象 i 优于 i' 的那些指标的集合。

非协调集合

$$D_{ii'} = \{j \; Z_{ij} > Z_{i'j}\}$$

即被评价对象 i 劣于 i' 的那些指标的集合。

评价指标的权重代表了评价指标的相对重要性，因此有

协调性指标

$$c_{ii'} = \sum_{k \in C_{ii'}} w_k$$

其物理含义是 i 相对 i' 优先的指标的相对值。

非协调指标

$$d_{ii'} = \sum_{k \in D_{ii'}} \frac{w_k \mid Z_{ik} - Z_{i'k} \mid}{d_{\max}^{(k)}} / M$$

其物理含义是表示 i 劣于 i' 的相对值。其中，$d_{\max}^{(k)} = \max\limits_{k \in D_{ii'}} \mid Z_{ik} - Z_{i'k} \mid$，$M$ 为非协调集合中指标个数的最大值。

根据以上定义，$c_{ii'}$ 形成**协调矩阵** C，$d_{ii'}$ 形成**非协调矩阵** D。

8.3.2.4 协调优先指标和非协调优先指标

协调优先指标(Concordance Priority Index)

$$c_i = \sum_{\substack{i=1 \\ i\neq i'}}^{n} c_{ii'} - \sum_{\substack{i=1 \\ i\neq i'}}^{n} c_{i'i}$$

c_i 即为协调矩阵中被评价对象 i 所对应的行和与其对应的列和之差，c_i 越大，表示 i 的优势越大。

非协调优先指标(Disconcordance Priority Index)

$$d_i = \sum_{\substack{i=1 \\ i\neq i'}}^{n} d_{ii'} - \sum_{\substack{i=1 \\ i\neq i'}}^{n} d_{i'i}$$

d_i 即为非协调矩阵中被评价对象 i 所对应的行和与其对应的列和之差，d_i 越大，表示 i 的劣势越大。

因此，最优方案应该是协调优先指标 c_i 最大，而非协调优先指标 d_i 最小的那个。

但要注意的是，进行第一轮协调分析时，具有最大协调优先指标的方案不一定与具有最小非协调优先指标的方案相同。这时需要对具有最大协调优先指标的方案与具有最小非协调优先指标的方案进行第二轮的协调分析。当只有两个评价对象时，最大协调优先指标与最小非协调优先指标一定在同一方案中，且与评价指标的个数、权重向量及指标评价值不相关。

8.3.3 实例分析

若对某四个信息系统 A、B、C、D 进行评价，有关专家评价的原始数据如表 8-7所示，经规范化处理后，标准数据如表 8-8 所示。

表 8-7 原始评价数据

系统	评价指标											
	U_{11}	U_{12}	U_{13}	U_{14}	U_{15}	U_{21}	U_{22}	U_{23}	U_{24}	U_{25}	U_{31}	U_{32}
A	4	4	6	6	5	5	3	6	7	4	6	6
B	5	6	3	5	4	7	4	6	4	4	5	4
C	4	4	5	4	3	6	3	5	5	2	6	5
D	3	3	3	5	3	5	3	6	3	3	5	4

表 8-8　标准评价数据

系统	评价指标											
	U_{11}	U_{12}	U_{13}	U_{14}	U_{15}	U_{21}	U_{22}	U_{23}	U_{24}	U_{25}	U_{31}	U_{32}
A	0.8	0.67	1.0	1.0	1.0	0.71	0.75	1.0	1.0	1.0	0.81	0.61
B	1.0	1.0	0.5	0.81	0.8	1.0	1.0	1.0	0.57	1.0	1.0	1.0
C	0.8	0.67	0.81	0.67	0.6	0.86	0.75	0.81	0.71	0.5	0.81	0.8
D	0.6	0.5	0.5	0.81	0.6	0.71	0.75	1.0	0.43	0.75	1.0	1.0

运用德尔菲法，得到各个评价指标的权重

$W^{T}=(0.09,0.12,0.08,0.07,0.04,0.12,0.12,0.05,0.01,0.1,0.1,0.1)$。

按上述协调分析方法，计算得出协调矩阵 C 和非协调矩阵 D

$$C=\begin{bmatrix}0.0 & 0.20 & 0.35 & 0.51\\ 0.65 & 0.0 & 0.91 & 0.69\\ 0.22 & 0.09 & 0.0 & 0.42\\ 0.2 & 0.0 & 0.42 & 0.0\end{bmatrix}$$

$$D=\begin{bmatrix}0.0 & 0.048 & 0.021 & 0.015\\ 0.123 & 0.0 & 0.008 & 0.0\\ 0.019 & 0.044 & 0.0 & 0.033\\ 0.024 & 0.042 & 0.026 & 0.0\end{bmatrix}$$

求得四个被评价系统的协调优先指标和非协调优先指标如表 8-9 所示。

表 8-9　被评价系统的协调优先指标和非协调优先指标

系统	协调优先指标 c_i	非协调优先指标 d_i
A	−0.01	−0.082
B	1.96	−0.003
C	−0.95	0.041
D	−1.00	0.044

从表 8-9 中可以看出，具有最大协调优先指标的是系统 B，而具有最小非协调优先指标的是系统 A，第一轮的协调分析没有得出最佳结果。

在第二轮的协调分析中，被评价的对象只有两个：系统 A 和系统 B。

计算得到协调矩阵 C' 和非协调矩阵 D'

$$C' = \begin{bmatrix} 0.0 & 0.2 \\ 0.65 & 0.0 \end{bmatrix} \quad D' = \begin{bmatrix} 0.0 & 0.088 \\ 0.034 & 0.0 \end{bmatrix}$$

计算得到协调优先指标与非协调优先指标如下：

系统 A：$c'_1 = -0.45, d'_1 = 0.54$；

系统 B：$c'_2 = 0.45, d'_2 = -0.54$。

因此，在上述评价指标体系下，系统 B 是最佳的，具有最大的协调优先指标和最小的非协调优先指标。

8.3.4 比较分析

我们基于协调分析建立了一种新的信息系统综合评价与决策的数学模型，并进行了实例分析。与其他评价方法相比，基于协调分析的综合评价方法具有以下优点：①综合考虑被评价对象的优势与劣势，评价结果客观可信；②模型简单，可操作性强，便于编程实现；③采用协调优先指标与非协调优先指标，从两方面表征被评价对象，信息量比其他评价方法丰富。

8.4 B2C 电子商务网站可用性评价

随着互联网商业化的迅速发展，电子商务网站大量涌现，越来越多的企业选择利用 Web 站点来提高品牌声誉、服务客户并与之交流，期望占领电子空间(Cyberspace)市场。

随着电子商务的蓬勃发展，需要采用合适的指标和方法来评估电子商务网站。电子商务网站评价是指根据一定的评价方法、内容和指标对电子商务网站运行状况和工作质量进行评估。本文以处于国际 IT 市场领导地位的微软公司的可用性指南作为评价基础，通过启发式方法，来评价 B2C 电子商务站点的可用性，并对实证结果进行分析。

对 Web 站点的评价也是近年来的研究热点，也有专门的网站评估机构。AtWeb 公司采用技术性实测评估，Jupiterresearch 公司采用的网站流量检测，中国互联网络信息中心 CNNIC 每年排出的“年度中国互联网络十佳网站”是通过抽样问卷调查，特别是网上调查的方式进行的网站评估。这些模式都存在一定的局限性。Ritu Agarwal 使用启发式的评价方法研究了公司的 Web 站点设计。Palmer, J. W. 从 Web 站点的绩效、下载延迟、网络导航、信息内容、交互响应等方面研究了 Web 站点的可用性、设计以及绩效测量等。与同类研究相比，本文的研究结论不单单是对网站作一个排名，而是分析出各网站的优势环节和薄弱环节，以及消费者对可用性评价指标的评价，这无论是对研究者还是网站设计者都是最希望知道的信息。

8.4.1　可用性

可用性(Usability)是人—机界面(Human - Computer Interaction,HCI)研究中一个关键的概念。早期的HCI研究认为用户因素对成功地设计、完成系统是很关键的。HCI最主要的工作就是为设计出"更好"、"更可用"的系统而提供技术、方法和指南。对可用性的概念定义和测量方法已有很多学者进行了研究。关于可用性概念的定义有很多,从高屋建瓴的ISO 0241标准,到具体的包含用户关联度、效率、用户态度、可学习性、安全性等属性的描述。Gray和Salzman简洁地用"面对研究者和实践者的最主要的问题是可用性本身的构成"这句话总结了与可用性概念定义有关的一些争论。Lecerof和Paterno强调,可用性最关键的特点是随实际系统而改变。例如,对那些为儿童设计的系统,"易使用"可能是主要的指标,而对于银行系统来说,"安全性"和"效率"是可用性的主要指标。这里,我们采用国际标准化组织ISO对可用性的定义:"产品被特定的用户使用,能可行地、有效地、满意地达到特定目标的能力。"

8.4.2　微软可用性指南

8.4.2.1　MUG的指标

MUG包含的主指标和子指标及其含义如下。

1)内容(Content)

该指标用来评估Web站点所包含的信息以及将这些信息传递给用户的能力。在MUG中,该主指标包含了4个子指标,用来刻画与内容有关的各个特征。这些子指标如下:

(1)关联性(Relevance)。表示内容与核心用户的相关性,即网站所提供的信息是否和该网站的核心用户紧密关联。

(2)媒体使用(Mediause)。表示适当地使用多媒体技术。网站是否在文字、图像、图形、声音、动画等多种信息表达形式中选择合适的媒体来表达信息内容。

(3)深度和广度(Depth and Breadth)。用来检查网站信息的深度和广度。网站的内容应该既有一定的详细程度,又有一定的覆盖面。

(4)实时性(Current and Timely Information)。网站的内容是否及时更新,以及相关的时间信息。

2)易使用性(Easy of Use)

易使用性指的是使用Web站点时对用户的能力的要求。站点对用户能力的要求越低,则该站点越易使用。如果一个网站必须经过某些专门培训才能使用,那么该网站的易使用性是很低的。

该主指标有下一级子指标：

(1)目标(goals)。指 Web 站点的主题对用户来说是否清晰、易于理解。

(2)框架结构(structure)。指 Web 站点的信息组织方式是否方便用户使用。

(3)提供资料(feedback)。指 Web 站点是否给用户提供了使用该网站的引导信息。

3)促销(Promotion)

该指标指 Web 站点在 Internet 或其他媒体上的广告宣传能力。一个网站的促销能力对促进网站的交易量是很关键的。

在 MUG 中,该指标没有下一级的细化。

4)定制服务(Made－for－the－medium)

该指标指的是使 Web 站点能满足特定用户需求的能力。网络提供了为客户量身定制服务的空间,个性化是 Web 站点的关键需求。事实上,当今的市场营销策略,如关系营销、个人对个人营销等,都要求 Web 站点不能设计成静态的,而应当能提供动态的、能满足特定用户独特需求的内容。

该指标可分成 3 个子指标：

(1)社交(Community)。指 Web 站点是否给用户提供参加某个在线小组、与其他用户进行交流的机会。

(2)个性化(Personalization)。指 Web 站点为用户量身定制服务的技术上的能力。

(3)时尚(Refinement)。指 Web 站点能及时反映当前主流趋势的能力。例如,采用主流的技术、采用大家普遍接受的表达方式等。

5)情感因素(Emotion)

该指标指 Web 站点能作出情感反应的能力。实践表明,软件系统能像人一样有情感地作出反应,在计算机使用环境中起非常重要的作用。

MUG 指南在"情感因素"下面有 4 个子指标：

(1)挑战性(Challenge)。指使用户在使用网站过程中能克服一定的困难而产生某种成就感。但不能为追求挑战性而使网站功能复杂,或使人模糊、困惑,难以理解。

(2)情节设计(Plot)。指 Web 站点如何激发用户的兴趣。例如,使用像故事一样的情节安排,一步步引人入胜。

(3)品质力量(Character Strength)。指通过 Web 站点传递出的对吸引客户的吸引力,使用户产生对网站的信任感。

(4)节奏控制(Pace)。指 Web 站点提供给用户的控制信息流的能力。用户可以根据自己的实际情况，选择合适的信息量及速度。

8.4.2.2　Web 站点的可用性评估

与传统软件系统有所不同，Web 站点评估面临更大的挑战。

其他大多数的软件系统具有有限的任务集和可预测的用户。而浏览 Web 站点的用户是异质的，各有各的原因。在日益增长的以 Web 为中心的消费环境中，用户达到 Web 站点的驱动因素有很多，也许是为了寻找信息，也许是为了满足消费需求，也许只是冲浪等。“用户的定义……正变得更加模糊，因为任何人都可以达到 Web 站点”(Kantner & Rosenbaum，1997)。角色和目标的不同，使每个用户对 Web 站点的需求也不同。这使得影响 Web 站点评估的因素增多。

除此之外，Web 站点在设计、测试方面和传统的软件系统也有明显的差别。例如，用户连接到 Internet 上的设备千差万别，从电话分机到局域网、数字专线等。在 Web 站点的设计及可用性评估中必须考虑到这些差异。为了使用户能以他们喜欢的方式在网页之间导航、浏览，Web 站点在设计时就不能在用户的连接方式上加过多的限制。

因此，Web 站点可用性的评估，并不是将传统的软件系统的可用性评估方法加以简单地应用，而需要加入新的思想和方法。而 MUG 覆盖的范围和深度提供了很好的进行 Web 站点评估的基础。

8.4.3　研究模型与步骤

MUG 提供了一套进行 Web 站点可用性评估的指标。但如前文所提，并不是所有的指标都同等重要。对 Web 站点的可用性评估与 Web 站点所处的行业、用户浏览 Web 站点时的角色、用户的目的等因素密切相关。如前文所提，儿童站点的可用性评价中“易使用”指标占有较高的重要性。因此，在对具体的网站进行评估之前，首先要确定这些评估指标的相对重要性。一个直接的方法是通过分配不同的分值来代表指标的相对重要性。这里，我们取分值的总和为 100，每个指标分配的分值即为它的权重。

设计研究的步骤如下：

首先，评估者(例如，Web 站点的消费者)提供不同评估指标的相对重要性。评估者在 MUG 的 5 个主指标之间来分配共 100 分的分值，配给某个主指标的分值进一步在该主指标的子指标之间进行再分配。例如，“内容”被认为对某个行业的消费者来讲很重要，其分值分配为 40，“内容”下面有 4 个子指标：关联性、媒体使用、深度和广度、实时性，那么，这 40 分要进一步在这 4 个子指标之间依据它们的相对重要性进行再分配。权重分配的例子如表 8-10 所示。要注意，评估指标所分配的权重会随行业的不同、用户角色的不同而不同。例如，普通消费者和投资者对同一行业 Web 站点的可用性评价指标分配的权重会有所不同,因为他们的目的不同。而对于同一行业、同样的用户角色,评估指标的权重分配对所有的 Web 站点是相同的。

表 8-10　指标权重分配的例子

主指标和子指标	主指标权重	子指标权重
内容	40	
关联性		10
媒体使用		10
深度和广度		10
实时性		10
易使用性	30	
目标		10
结构		10
提供资料		10
促销	5	
		5
定制服务	10	
社交		4
个性化		3
时尚		3
情感因素	15	
挑战性		4
情节设计		4
品质力量		2
节奏控制		5
总　和	100	100

然后,为了评估具体的 Web 站点,评估者要根据某一具体网站的表现,对 MUG 的每一个子指标确定评价等级。这里,我们采用李斯特 10 等级度量法,在"特别好"和"特别差"之间划分成 10 个级别,如表 8-11 所示。

8.4.4　实例样本

为了研究的方便,我们选择了同一行业(IT)的 5 家公司的 Web 站点作实例研究:海尔集团(www. haier. com)、联想集团(www. lenovo. com)、清华同方(www. thtf. com)、华旗咨询(www. huaqi. com)、清华紫光(www. thunis. com)。它们都是在国内具有较大影响的公司,都较早开发了本公司的 Web 站点。

表 8-11　等级的划分

特别差	很差	差	稍差	一般	稍好	比较好	好	很好	特别好
1	2	3	4	5	6	7	8	9	10

抽样样本包括:170 名信息管理专业的在校学生,包括 50 名硕士研究生以及 120 名本科学生;100 名 IT 行业任职人员;80 名随机抽取的其他人员。给信息管理专业的在校学生的调查问卷是打印的书面形式,其他的是电子邮件形式。信息管理专业的在校学生进行的调查是作为课程教学的一部分,在集中的时间内完成。其他人员所作的调查由自己安排时间,登录指定的网站,填写调查表,并在指定的时间之前将调查表返回。对完成调查的人有小礼品赠送。

受研究规模的限制,在本文调查中,每一个评估者在进行评估时都扮演同一种角色:普通消费者。评估者以消费者的身份,填写调查表的第一部分,对评估指标进行权重分配;再对每一个指定的站点填写调查表的第二部分,确定每一个网站在每一个子评价指标上的评价等级。

发放的350份问卷中回收了317份,其中,信息管理在校学生回收170份、IT行业任职人员回收78份、其他人员回收69份。回收问卷中有效问卷为301份。

8.4.5　数据分析

对数据进行统计,表8-12列出了普通消费者对5个主指标权重分配的平均值和标准差,表8-13列出了各个站点的可用性评价等级的平均值。

表8-12　IT行业Web站点权重的分配

主指标	内容	易使用性	促销	定制服务	情感因素	总计
平均值	43.2	13.5	10.8	14.2	18.3	100
标准差	4.02	2.32	2.67	3.10	3.21	

表8-13　各网站可用性评价等级

主指标和子指标	海尔集团	联想集团	清华同方	华旗咨询	清华紫光
内容(43.2)	36.0	34.7	34.6	34.1	32.7
关联性(12.3)	9.1	8.3	8.7	9.0	8.1
媒体使用(10.5)	8.7	8.7	9.0	8.8	7.9
深度和广度(9.8)	8.1	8.3	7.0	8.1	6.7
实时性(10.6)	7.3	6.8	7.2	5.5	7.4
易使用性(13.5)	10.9	11.1	10.3	11.9	9.9
目标(6.9)	8.5	8.3	7.8	8.7	7.3
结构(2.8)	8.3	8.5	8.1	8.7	8.0
提供资料(3.8)	7.2	7.8	7.1	9.0	7.1
促销(10.8)	8.4	9.7	7.5	6.5	6.8
	7.8	9.0	6.9	6.0	6.3
定制服务(14.2)	12.6	12.4	10.3	11.0	9.8
社交(6.3)	8.9	9.2	8.3	8.5	7.5
个性化(4.8)	9.3	8.5	6.0	6.7	6.0
时尚(3.1)	8.3	8.2	7.0	8.1	7.0
情感因素(18.3)	15.9	15.0	13.9	14.4	13.5
挑战性(4.7)	8.3	7.2	7.1	7.0	6.8
情节设计(6.3)	9.0	8.9	8.7	8.0	8.1
品质力量(2.3)	8.5	7.6	7.0	8.0	7.8
节奏控制(5.0)	8.8	8.7	7.0	8.5	6.9
总和(100)	83.8	82.9	76.6	77.9	72.7

设 $W_i(i=1,5)$表示第 i 个主指标的分值(权重),$n_i(i=1,5)$表示第 i 个主指标包括的子指标的个数,W_{ij} 表示第 i 个主指标下第 j 个子指标的分值(权重),具体的 W_{ij} 见表 8-12 第一列所示,在表 8-12、表 8-13 中有下列方程组成立

$$\begin{cases}\sum\limits_{i=1}^{5} W_i = 100 \\ \sum\limits_{j=1}^{n_i} W_{ij} = W_i\end{cases}$$

设 S_h 表示第 h 个站点的评价总分值,S_{hi} 表示第 h 个站点在第 i 个主指标的评价分值,r_{hij} 表示第 h 个站点在第 i 个主指标第 j 个子指标下的评价等级,在表 8-12、表 8-13 中有下列方程组成立

$$\begin{cases}S_h = \sum\limits_{i=1}^{5} S_{hi} \\ S_{hi} = \sum\limits_{j=1}^{n_i} W_{ij} r_{hij} \times 0.1 \\ 1 \leqslant r_{hij} \leqslant 10\end{cases}$$

其中,$r_{hij} \times 0.1$ 是为保持评价结果范围的一致而做的归一化处理。

8.4.5.1　权重分配数据分析

从表 8-12 可以得到以下结论:

消费者认为"内容"在可用性 5 个主指标中占有绝对的重要性(43.2/100)。这说明电子商务网站的用户潜意识里要寻找的东西还是信息。一个电子商务网站只有提供丰富的、真实的、有针对性的、有时效的信息内容才能受到用户的欢迎。"内容"下的 4 个子指标"关联性"、"媒体使用"、"深度和广度"、"实时性"具有基本同等的重要性。

"情感因素"在 IT 电子商务网站的可用性中占重要性的第二位(18.3/100)。这说明在进行 Web 站点设计时,不能简单地过分强调技术,要更多地加入情商,要充分考虑用户的心理因素,使站点信息的组织更贴近用户的感情。在"情感因素"下的子指标中,"情节设计"占有相对较高的重要性。消费者也希望由自己来控制信息流。相比之下,消费者认为网站的"品质力量"重要性较低。

"易使用性"和"定制服务"占有大致相同的重要程度。

在"易使用性"中,"目标"占有相对较高的重要性(6.9/13.5)。说明消费者希望网站的信息能主题鲜明,易于理解,以方便发现信息、查询兴趣点、寻找合适的商品,最终满足消费需求。

在“定制服务”中,“社交”占有相对较高的重要性(6.3/14.2)。说明消费者在满足物质消费需求之外,还有能与其他的消费者交流信息、共同进步的需求。对电子商务的商家来讲,这也是保持顾客忠诚度、提高消费者满意度的重要方法。在这里,消费者会留下对产品或服务满意或不满意的意见、寻求需要的信息、表达对产品的使用心得等。而商家也可从中发现自己产品的优势或劣势、消费者的潜在需求、潜在发展趋势,以改进自己的产品,防止客户流失。

“促销”在 MUG 的 5 个可用性评价主指标中的相对重要性最低(10.8/100)。可以这样认为,在电子商务正处于发展阶段的中国,无论是消费者还是电子商务的商家,都没把主要的注意力放在网上促销方面。在现阶段,商家进行电子商务系统建设是为了树立形象、优化企业管理流程、降低企业运作成本、提高顾客满意度。而消费者参与电子商务是为了寻找信息快捷、方便、及时,而最终的购买行为往往会转移到传统的商场中。但是,随着电子商务系统的逐渐成长、成熟,网上促销的重要性会越来越被各方面的人们意识到。

8.4.5.2 网站可用性评价等级数据分析

分析表 8-13 中的数据,可以得到以下结论:

(1)各网站都比较重视网站内容的建设,被评估的 5 个网站都能提供与核心内容紧密关联、有很好的覆盖性和详细性的信息,媒体技术应用好(这和被评估公司均处 IT 行业有关)。但信息的时效性不尽如人意。综合来看,海尔网站在“内容”方面表现最好。

联想、华旗咨询、海尔三家公司网站都提供了与主题相关的丰富信息,覆盖面广,有一定深度。这与此三家公司很高的国际化程度密切相关。而清华紫光在提供信息的深度与广度方面评价等级最低。华旗咨询在内容实时性方面评价较低,该网站的新闻最新的是一周之前的(1 条),其次是两周之前的(3 条)。

(2)在“易使用性”方面,华旗咨询网站表现最好,其次是联想、海尔、清华同方,最后是清华紫光。

各网站在信息的组织上都安排合理、结构清晰。被评估网站均提供了“网站地图”,通过图示的方式使信息结构一目了然,而且均提供了商品检索功能。但在提供帮助用户使用网站的信息方面普遍欠缺。

其中,华旗咨询在提供能引导用户的信息方面表现突出。

(3)在“促销”方面,联想得到的评价最高,海尔其次,下面依次是清华同方、清华紫光、华旗咨询。

联想公司的网站上有引人注目的促销标志,而其他公司的网站上没有明显的网上促销表示。

(4)在“定制服务”方面,海尔得到的评价最高,下面依次是联想、华旗咨询、清华同方、清华紫光。总的看来,各个网站均组织了一些在线讨论小组,使用户能参与到自己感兴趣的话题之中。

海尔公司网站设立了专门的“海尔俱乐部”,提供一些交流、娱乐、讨论的区域,并给每个会员发放俱乐部期刊。联想公司网站设立了“阳光社区”,用户在这里可以交流使用联想产品的体会及问题,并可以订阅阳光社区 E 刊得到有关的信息。

(5)在“情感因素”方面,海尔、联想都得到很高的评价,其次是华旗咨询、清华同方、清华紫光。总的看来,各个网站在“情节设计”方面的表现都很好,得分都在 8.0 以上。

海尔网站在“品质力量”方面的评价明显比其他网站要高,这说明海尔公司的产品在消费者中有很高的信誉。

被选择的 5 个网站各有千秋,各个网站都有自己某方面的优势。综合各方面的指标,可以看到,海尔、联想网站的综合表现较好,其余三个网站与它们有一定的距离,清华紫光的欠缺较多,有待进一步提高。

8.4.6 不足与展望

因为某些资源的限制,本研究只选择了一个行业(IT)、一种用户角色(普通消费者)作为研究对象。而 Web 站点的评价随行业、用户角色的改变而有所改变。本文所得出的结论如果要推广到其他的行业、其他的用户角色则需作近一步的研究。本研究所选择的 Web 站点也是有限的,而且这 5 个被选择的站点都是国内 IT 行业中表现良好者。另外,一个系统误差可能来源于所选择的评估者数量较少。

在进一步的研究中,可选择更多的不同行业、不同的用户角色来进行评估。本文采用了 MUG 作为评估的基础,也可以在将来的研究中修改、建立更合理的评价指标体系。除了 B2C 之外,还有更多的电子商务模式,例如 B2B、B2G 等,对这类 Web 站点的评估也是将来要研究的内容。

参 考 文 献

[1] Salvatore March, Alan Hevner, Sudha Ram. Applying the Technology Acceptance Model and Flow Theory to Online Consumer Behavior. pdf[J]. Information System Research, June 2002, 13(2):115～124

[2] Ritu Agarwa, Viswanath Venkatesh. Assessing a Firm's Web Presence A Heuristic Evaluation Procedure for the Measurement of Usability [J]. Information System Research, June 2002, 13(2):168～186

[3] Jonathan W. Palmer. Web site usability, design, and performance metrics[J]. Information Systems Research, June 2002, 13(2):151～167

[4] Gray, W. D., M. C. Salzman. Damaged merchandise? A review of experiments that compare usability evaluation methods[J]. Human－Computer Interaction, 1998(13):203～261

[5] Lecerof, A., F. Paterno. Automatic support for usability evaluation[J]. IEEE Trans. Software Engrg, 1998, 24:863～887

[6] Karat, J. Evolving the scope of user－centered design[J]. Comm. ACM, 1997, 40:33～38

[7] Keeker, K. Improving Web－site usability and appeal: Guidelines compiled by MSN usability research, 1997. Http://msdn. microsoft. com/library/default. asp? url-/library/en － us/dnsiteplan/html/improvingsiteusa. asp _

[8] Kantner, L., S. Rosenbaum. Usability studies of WWW sites: Heuristic evaluation vs. laboratory testing[J]. Proc. SIGDOC, Snowbird, UT, 1997. 153～160

[9] 海尔集团网站:www. haier. com

[10] 联想集团网站:www. lenovo. com

[11] 华旗咨询集团网站:www. huaqi. com

[12] 清华同方集团网站:www. thtf. com

[13] 清华紫光集团网站:www. thunis. com

[14] 邵培基. AHP 方法综合评价管理信息系统[J]. 系统工程理论与实践, 2000(10):63～67

[15] 刘卫国. 一种信息系统的评价模型及其实现[J]. 计算机应用, 2003. 1, 23(1):33～36

[16] 王伟军. 信息系统评价研究与应用分析[J]. 情报科学, 2003. 6, 21(6):639～642

[17] 谢鹏杨, 等. 多目标决策协调分析的性质[J]. 吉林工业大学自然科学学报, 2001. 4, 31(2):56～60

[18] 胡永宏, 贺思辉. 综合评价方法[M]. 北京:科学出版社, 2000. 10～44

[19] John Mingers, Combining is Research Methods: Towards a Pluralist Methodology[J], ISR, September 2001, 12(3):240～259

[20] Sulin Ba, Jan Stallaert A. B. Whinston. Introducing a Third Dimension in Information Systems Design[J], ISR, September 2001, 12(3):225～239

[21] 张海潘.软件工程导论[M].第四版.北京:清华大学出版社,2003
[22] 陈国清.信息系统的组织·管理·建模[M].北京:清华大学出版社,2002
[23] 王振宇,等译.软件质量工程的度量与模型[M].北京:机械工业出版社,2003
[24] Jeffrey L. Whitten. System Analysis and Design Methods[M]. Sixth edition. Beijing: China Machine Press,2004
[25] 左美云,等.信息系统的开发与管理教程[M].北京:清华大学出版社,2001
[26] 洪伦耀,等.软件质量工程[M].西安:西安电子科技大学出版社,2004
[27] 王金玉,等译.IT 项目管理[M].北京:机械工业出版社,2002
[28] Harold Kerzner, Project Management: a system approach to planning, scheduling, and controlling[M]. Beijing: Publishing House of Elctronics Industry, 2002
[29] 王克任,等译.软件项目管理[M].北京:科学出版社,2002
[30] 葛乃康.信息工程建设监理[M].北京:电子工业出版社,2002
[31] 宋振辉.信息系统工程监理知识体系[M].北京:电子工业出版社,2004
[32] 刘永,等.信息系统分析与设计[M].北京:科学出版社,2002
[33] 张维明.信息系统原理与工程[M].北京:电子工业出版社,2002
[34] [美]斯蒂芬·哈格.信息时代的管理信息系统[M].第二版.北京:电子工业出版社,2000
[35] 王欣,陈建华,韩洁平.信息系统质量的影响因素分析[J].情报科学,2002.4,20(4):426~427
[36] Http://www.beidabiz.com/bbdd/kmsjk/kmsjk_sczygl/82/823/8234/82345/823452/6274.htm
[37] Http://www.ynbbc.com.cn/xiaocidian/zw41.htm
[38] Http://www. 37c. com. cn/literature/literature06/manage03. asp? filename=009/02/094080202.htm
[39] Http://www.q21.com.cn/article/gongjuxiangneirong.asp? id=156
[40] 王欣,陈建华,韩洁平.信息系统质量的影响因素分析[J].情报科学,2002.4,20(4):426~427
[41] 王青,等.软件质量管理——标准、技术与实践[M].北京:中国计划出版社,2002
[42] 杨一平,等.软件能力成熟度模型 CMM 方法及其应用[M].北京:人民邮电出版社,2001
[43] 曾凡起,林小平,等.基于 INTERNET 的管理信息系统[M].北京:中国财政经济出版社,2001
[44] 刘冰.现代网络与多媒体技术基础[M].北京:机械工业出版社,2003
[45] 吴琮璠,谢清佳.管理信息系统[M].上海:复旦大学出版社,2003
[46] 苏选良.管理信息系统[M].北京:电子工业出版社,2002
[47] Raymond Mcleod, Jr., George Schell. Management Information System[M]. Eighth edition. Beijing: Publishing House of Electronics Industry,2002
[48] 张维明.信息系统集成技术[M].北京:电子工业出版社,2002

[49] 孙强,孟秀转.信息系统监理与信息系统审计:中国的实践与美国的经验.Http://www.amteam.org/docs/BDDocument.asp

[50] Http://it.icxo.com/htmlnews/2004/08/23/305361.htm

[51] Http://www.ccidtraining.com/hy031027-1.htm

[52] Http://www.ccidtraining.com/hy031027-2.htm

[53] 葛乃康,等.首届信息系统工程监理学术会议论文集[C].北京:电子工业出版社,2004

[54] 孙强,孟秀转.信息系统监理向何处去?[J].计算机世界报,2003(5):11~13